PARAR

PARA

PENSAR

© Pedro Duarte, 2024
© Bazar do Tempo, 2024

Todos os direitos reservados e protegidos pela Lei n. 9610, de 12.2.1998. Proibida a reprodução total ou parcial sem a anuência da editora.

Este livro foi revisado segundo o Acordo Ortográfico da Língua Portuguesa de 1990, em vigor no Brasil desde 2009.

EDIÇÃO Ana Cecilia Impellizieri Martins
PRODUÇÃO EDITORIAL Jade Medeiros
ASSISTENTE EDITORIAL Bruna Ponte
COPIDESQUE Sávio Alencar
REVISÃO Marina Montrezol
CAPA, PROJETO GRÁFICO E DIAGRAMAÇÃO Estúdio Insólito

Pontifícia Universidade Católica do Rio de Janeiro (PUC-Rio)
REITOR Pe. Anderson Antonio Pedroso, S.J.
CONSELHO EDITORIAL Alexandre Montaury, Felipe Gomberg, Gisele Cittadino, Pe. Ricardo Torri de Araújo, S.J., Welles Morgado, Gabriel Chalita (externo) e Rosiska Darcy de Oliveira (externo)
DIRETOR EDITORIAL Felipe Gomberg
EDITORAS Livia Salles, Tatiana Helich

Rua General Dionísio, 53 - Humaitá
22271-050   Rio de Janeiro - RJ
contato@bazardotempo.com.br
www.bazardotempo.com.br

Rua Marquês de São Vicente, 225,
7º andar do prédio Kennedy
Campus Gávea/PUC-Rio
Rio de Janeiro, RJ – CEP: 22451-900
www.editora.puc-rio.br

Pedro Duarte

PARAR

PARA

PENSAR

Temas da filosofia após a pandemia

"*O próprio pensamento emerge de incidentes da experiência viva e a eles deve permanecer ligado, já que são os únicos marcos por onde pode obter orientação.*"
HANNAH ARENDT

* * *

"*Pelo acaso da pandemia, conhece-se melhor a capacidade de ruptura, renovação e invenção humana. Amplia-se e se alarga cada universo estreito de participante da experiência vital de sobreviver.*"
SILVIANO SANTIAGO

Para Eduardo Jardim

SUMÁRIO

A pandemia de Covid-19 e o rosto do século XXI — 8

Pandemia e pós-pandemia — 14

Tecnologia e ecologia — 22

Vida e morte — 38

Medo e coragem — 70

Política e comunidade — 94

Brasil e arte — 116

Amor e sociedade — 140

Agradecimentos — 172

A PANDEMIA DE COVID-19 E O ROSTO DO SÉCULO XXI

Quando a pandemia de Covid-19 começou, em março de 2020, não parecia possível pensar em outra coisa. Transformando drasticamente a vida no mundo inteiro, a doença provocada pelo Novo Coronavírus tragava para si todas as atenções; e, porém, a vida continuava, para cada um, com "a dor e a delícia de ser o que é". O mundo parou sua velocidade aturdida e o cotidiano voltou-se para dentro de si nos lugares fechados, enquanto não deixávamos de imaginar um tempo por vir e sentir as emoções no espaço em que estávamos. Os filósofos tentaram, no calor da hora, entender o que se passava. Eu escrevi, entre abril e maio de 2020, *A pandemia e o exílio do mundo*, um livro íntimo que juntava o relato daqueles dias nos quais o isolamento social esvaziara ruas e praças a fragmentos filosóficos sobre desafios existenciais, éticos e políticos da situação. Também deixava um testemunho do "sentimento do mundo" que pode crescer justo em seu exílio e na sua falta. Valendo-me de teorias, poemas, romances, pinturas e canções populares, tentei com a escrita compartilhar a solidão através da leitura. Em meio à pandemia, tudo permanecia a se pensar, mas quase sempre por ela atravessado. E agora, após a pandemia?

Passados quase cinco anos do começo da pandemia de Covid-19, vivemos exatamente o contrário: parece uma insistência desagradável e impertinente ainda pensar no assunto. Pior ainda seria escrever e publicar sobre ele. Invertemos, na mesma proporção, a força de impacto da pandemia sobre nós com um esquecimento voluntário a seu respeito, quase como se não conseguíssemos sequer conviver com a memória do que se passou: seja pelas pessoas que morreram, seja pelo medo que se tinha de adoecer, seja pela angústia diante de um futuro tornado ainda mais incerto que o habitual. Queremos, e não faltam razões para isso, deixar a pandemia no passado. O problema é que, como dizia William Faulkner, o passado não passa, ele nem sequer é passado. Desconfio que, ao tirá-la diante de nossa vista, apenas a tenhamos empurrado para as laterais, e com isso não deixamos de enxergá-la, embora o façamos de rabo de olho, com nossa visão periférica. Resta saber se esse procedimento diminui ou, ao contrário, aumenta o sentido de suspeita, ainda que inconsciente, de que, mais cedo ou mais tarde, mais dia ou menos dia, algo pode nos surpreender como a pandemia de Covid-19, jogando-nos em um novo exílio do mundo, ou para fora do mundo, ou nos deixando sem mundo.

O livro que agora escrevo, em 2024, insiste em pensar essa pandemia. Tem a "insistência turrona" de que Mário de Andrade falava sobre o Rio Tietê, este que corre para dentro, e não para fora. Eu também gostaria de que pudéssemos ter a coragem – um dos temas deste livro – de procurar mais entradas do que saídas para a situação histórica em que estamos. Isso porque a minha hipótese aqui é que a pandemia de Covid-19, se não criou nada de completamente novo para a nossa época, foi entretanto o que explicitou, potencializou e acelerou as principais tendências do século XXI, como a crise ecológica da natureza (dada a origem do vírus), a comunicação tecnológica (que nos manteve conectados, embora isolados), a disputa política entre individualismo e comunidade (fraturada entre a liberdade de cada um e a inevitabilidade dos vínculos sociais), a tensão entre a preservação da vida a todo custo e a experimentação arriscada da finitude (posta à prova pela ameaça de contágio no contato com outras pessoas), o significado da filosofia e da arte em tempos indigentes (na relação com tudo que as cerca) e a singularidade do amor, que conjuga proximidade e distância do mundo, criando assim seu próprio mundo para os amantes (e ele talvez seja, mais do que a alegria, a verdadeira prova dos nove).

Esses são os temas principais discutidos nas próximas páginas. Seu tom não é tão pessoal quanto aquele de *A pandemia e o exílio do mundo*; apesar de que, como já disse Caetano Veloso, "todas as minhas letras são autobiográficas; mesmo as que não são, são". Entretanto, aqui há menos relato e descrição, há mais análise e compreensão. Minha motivação, com isso, não é que o entendimento possa nos ajudar a evitar que algo como a pandemia de Covid-19 volte a se repetir. Não acredito tanto nisso em geral, e menos ainda quando o que está em jogo é a filosofia em particular. Creio apenas que compreender nos torne mais contemporâneos do mundo que habitamos. Minha motivação é *Parar para pensar: temas da filosofia após a pandemia*, fazendo dela um mote para esta interrupção de afazeres automáticos que nos leva a refletir. Parar e pensar é, dizia Hannah Arendt, uma tentativa de reconciliação com o mundo através da compreensão. O que se passou na pandemia de Covid-19 importa porque nela está cifrada a compreensão dos impasses da nossa época.

Um século não se define apenas numericamente, pelo conjunto de anos em seu interior, mas historicamente, pelos acontecimentos que lhe dão uma fisionomia. Foi com a pandemia de Covid-19 que o século XXI finalmente nos mostrou com nitidez o rosto que se formou e que, daqui em diante, temos que aprender a olhar.

PANDEMIA E PÓS-PANDEMIA

Entre o barulho e o silêncio, foi preciso um tempo de estranho esquecimento. O estardalhaço diante do momento justificava-se: a situação era grave. Entretanto, tão subitamente quanto começara, também acabou. Durou apenas o tempo do próprio evento, como se, depois, fosse preciso descartar a hipótese assustadora de que, sem previsão ou aviso, o mundo pudesse fechar. Tentou-se eliminar, sem esforço, a memória de como um vírus desconhecido, batizado de "novo" precisamente por isso, originou, em poucas semanas, uma pandemia sem precedentes em termos de velocidade e alcance – e que durou cerca de dois anos como fato existencial para nós. Quando a pandemia de Covid-19 apareceu, seu efeito foi tão avassalador que, para muitas pessoas, nenhum outro assunto parecia importar.

As milhares de mortes contadas de forma cotidiana, os adoecimentos literalmente inumeráveis, a exigência de isolamento social e a ausência de qualquer previsão sobre o fim de toda a situação justificaram o alarde em torno deste assunto – nas interações pessoais, na mídia, entre intelectuais, cientistas ou políticos. Se as ruas estavam sem vozes e as cidades mudas, pois quase todos confinavam-se em suas residências, por sua vez a internet, a televisão, o telefone, o e-mail, o WhatsApp, o Zoom, o Google Meet jamais foram tão barulhentos. Falamos e escrevemos sem parar sobre a pandemia, seja para analisá-la cientificamente, seja para pensá-la filosoficamente, seja para apenas desabafar sobre ela, protestar, espalhar mentira ou pânico. Entre 2020 e 2021, pandemia era o tema incontornável, e foram muitos os ruídos em torno dela. Pouco tempo depois, entretanto, o barulho diminuiu até cessar por completo. Ficou o silêncio, como se o Novo Coronavírus tivesse surgido não há quatro anos, mas quatro séculos. Parece que a pandemia de Covid-19 já é parte da história. E é. Mas nós somos feitos de história.

Nos jornais, matérias mencionam o "esquecimento" da pandemia, ou mesmo uma "amnésia", depois do tempo que passamos com ela. E, aparentemente, há boas razões para isso, sobretudo duas, que, combinadas, têm enorme força: uma é especificamente relacionada à Covid, já que, graças às vacinas, a crise sanitária foi controlada e o coronavírus hoje é apenas mais um entre os vários vírus respiratórios que podem debilitar a saúde dos seres humanos; a outra, genericamente aplicável a qualquer problema já solucionado, é o despropósito de relembrar um sofrimento cuja causa não é mais presente. Em suma, por que lembrar a pandemia de Covid-19, se ela já está resolvida? Não seria melhor retomar a vida e voltar ao mundo dos quais tanto sentimos falta? Nenhuma expressão foi mais emblemática em traduzir essa vontade do que "o novo normal", mistura de incontornável reconhecimento de que algo já mudara, pois é novo, com um anseio por retornar ao que antes era conhecido e familiar, pois é normal. Isso dito, ainda há algo a pensar, se não sobre a pandemia, ao menos a partir dela, tendo em vista nossa experiência histórica?

A ausência de importância retrospectiva da pandemia de Covid-19 foi prenunciada, na filosofia, pelas observações do pensador contemporâneo francês Alain Badiou. Em 2020, ainda no começo da pandemia, ele sublinhou que, a despeito da seriedade da crise sanitária por ela desencadeada, nada havia ali de desafiador para se pensar. Badiou nunca duvidou do fato de a doença e as mortes, por serem graves, exigirem respostas drásticas por parte dos governos e da sociedade em geral. No entanto, era apenas isso. Ou seja, a gravidade prática da Covid-19 não corresponderia a uma gravidade teórica, isto é, de interpretação de seu sentido, ou de como a doença poderia alterar os destinos do mundo que ela havia paralisado.

Para justificar sua posição, Badiou apontava que não haveria nada de excepcional ou novo na pandemia, uma vez que diversas epidemias serviriam, a este propósito, como precedentes históricos: desde a aids, ainda nos anos 1980, até mais recentemente o ebola ou o próprio vírus SARS-CoV-1. Este último caso, aliás, deveria revelar o caráter repetitivo de epidemias no mundo globalizado e sem disciplina na tomada de vacinas, pois o chamado Novo Coronavírus era, na verdade, o SARS-CoV-2. Ele sinalizava uma "segunda vez", uma continuidade, e não uma novidade ou um acontecimento decisivo. Muito a fazer e pouco a pensar: eis a situação na qual a pandemia, segundo Badiou, teria nos deixado.

Haveria, assim, certa simplicidade no fenômeno, o que tornaria inócuas e exageradas as interpretações filosóficas que proliferaram desde 2020: a ameaça autoritária alardeada por Giorgio Agamben, o individualismo que preocupava Byung-Chul Han, os mecanismos de poder criticados por Paul B. Preciado, a necropolítica denunciada por Achille Mbembe, a expectativa de recomeçar tudo do zero de Franco "Bifo" Berardi ou a ousada aposta na morte do capitalismo que fizera Slavoj Žižek, entre tantas outras. Foram poucos os que se mantiveram mais equilibrados em relação ao que se passava, como Jacques Rancière e Judith Butler: ele enfatizou que, após a pandemia, os dilemas políticos estariam novamente colocados sobre a mesa, assim como antes, e ela admitiu que não tínhamos como prever o que viria do futuro.

Nas condições contemporâneas de globalização – e diante da indisciplina na vacinação periódica em todos os países –, segundo Badiou, as epidemias graves não são excepcionais nem revelam nada de tão trepidante, para o bem ou para o mal, sobre nosso mundo, deixando a nu pessimismos e otimismos irracionais. Diz ele:

> Essas declarações peremptórias, apelos patéticos e acusações enfáticas assumem formas diferentes, mas todos compartilham um curioso desprezo pela formidável simplicidade e ausência de novidade da atual situação epidêmica. Alguns são desnecessariamente servis diante dos poderes existentes, que na verdade estão simplesmente fazendo o que são obrigados pela natureza do fenômeno. Outros invocam o planeta e sua mística, o que não ajuda em nada. [...] Outros

fazem tom e choram por um evento fundador de uma revolução sem precedentes, cuja relação com o extermínio de um vírus permanece opaca [...]. Alguns afundam no pessimismo apocalíptico. Outros estão frustrados porque o "eu primeiro", a regra de ouro da ideologia contemporânea, neste caso é desprovida de interesse, não fornece socorro e pode até parecer cúmplice de um prolongamento indefinido do mal. Parece que o desafio da epidemia está em toda parte dissipando a atividade intrínseca da Razão, obrigando os sujeitos a voltar a esses tristes efeitos – misticismo, fabulação, oração, profecia e maldição – que eram comuns na Idade Média quando a praga varria a Terra.[1]

Por um lado, o alerta de Badiou, sobretudo depois da pandemia, mostrou-se ponderado: a ânsia de muitos filósofos por prognósticos terríveis ou prósperos não parece ter se cumprido. O mundo não ficou muito pior do que era – nem se transformou em algo bem melhor. Isso dito, valeria perguntar se a análise da

---

[1] Alain Badiou, "Sobre a situação epidêmica", *Blog da Boitempo*, 8 abr. 2020. Disponível em: https://blogdaboitempo.com.br/2020/04/08/badiou-sobre-a-situacao-epidemica/. Acesso em: 22 nov. 2024.

pandemia e de seu sentido precisa se situar de modo tão dualista: de um lado, na razão, ou, de outro, no misticismo, na fabulação, na oração, na profecia e na maldição. Pode até ser que Badiou esteja certo sobre o barulho retumbante de alguns filósofos sobre a pandemia, mas o fenômeno não tem apenas uma dimensão técnica e sanitária; ele tem uma dimensão histórica e significativa, que não é, entretanto, irracional. Nela, não se experimentou algo meramente repetitivo e esperado.

Nesse sentido, a pandemia de Covid-19 ainda exige uma compreensão que venha a nos reconciliar com o passado e uma análise que entenda o que ela sugere sobre nosso futuro – para além das euforias ou disforias a seu respeito. Assim, o que chamamos de pós-pandemia é menos um termo para designar um período cronológico que empiricamente sucede a pandemia do que uma questão que se impõe para o pensamento: o que esse fenômeno a um só tempo natural e social teria ainda a nos dizer depois que a crise sanitária acabou?

TECNOLOGIA E ECOLOGIA

Quando se impôs, a Covid-19 acentuou a preocupação em torno da tecnologia e da natureza, cujas questões configuram o século XXI decisivamente. A pandemia não trouxe novidades para nenhuma delas, mas, se antes poderiam ser evitadas ou adiadas, passaram a ser incontornáveis. Não é coincidência que, no pós-pandemia, duas questões, uma ligada à tecnologia e outra à ecologia, tenham despontado na chamada agenda desta nossa época: a inteligência artificial e o colapso climático. Se a pandemia de Covid-19 não foi responsável por uma nem por outra, evidentemente ela promoveu um contato mais frequente de quase todas as pessoas com a tecnologia, como nas comunicações via plataformas digitais, e revelou que o avanço humano sobre o planeta e as formas de vida não humanas tornara-se perigoso, como se a natureza não o acolhesse amenamente.

Nesse sentido, a pandemia é um desses momentos da história em que se cristalizam elementos que dão a uma época o seu rosto. E ele, até então, era difuso, sem nitidez. Depois dela, ficou mais clara a feição que o século XXI tem. Foram necessárias mais de duas décadas deste novo milênio para que seu primeiro século finalmente ganhasse contornos visíveis. Vivemos em uma era definitivamente globalizada, na qual, portanto, nenhum lugar na prática está distante do outro, graças às tecnologias de transporte e de comunicação – daí a chance de epidemias se tornarem pandemias ser maior. Não há mais segurança possível por isolamento, se é que um dia houve. E o que ameaça os povos não são só outros povos, mas sim, cada vez mais, a natureza não humana – como um vírus.

Na filosofia, quem contornou bem melhor o alerta de Alain Badiou, de que a pandemia não é "o" acontecimento, para então apontar a sua consequência para a tecnologia, foi João Pedro Cachopo. Em *A torção dos sentidos: pandemia e remediação digital*,[1] o autor português reconhece que a pandemia não é "o" acontecimento, ou ao menos não o acontecimento em si. Ele faz esse apontamento, contudo, não para subtrair seu efeito

---

1   João Pedro Cachopo, *A torção dos sentidos: pandemia e remediação digital*, Lisboa: Documenta, 2020. [Ed. bras.: *A torção dos sentidos: pandemia e remediação digital*, São Paulo: Elefante, 2021.]

histórico, e sim para destacar que "o acontecimento, precipitado pela conjugação de isolamento preventivo e uso exacerbado de tecnologias de remediação, é a torção dos sentidos por meio dos quais nos reconhecemos próximos e distantes de tudo o que nos rodeia".[2] Nesse contexto, o que a pandemia fez foi naturalizar para nós o uso de tecnologias, especialmente as de comunicação, uma vez que contatos pessoais diretos, em carne e osso, eram evitados preventivamente, com o objetivo de diminuir a chance de contágio pelo Coronavírus.

Para ficar no exemplo mais evidente, o nosso grau de aceitação quanto às relações afetivas ou profissionais ocorrerem sem a presença física dos participantes mudou completamente após a pandemia. Já existiam tanto o ensino quanto os relacionamentos a distância, bem como o home office. Nada disso, contudo, era tão trivial ou frequente. Depois dela, geralmente uma reunião marcada vem acompanhada da pergunta: presencial ou on-line? No mundo Pós-pandemia, a tecnologia tornou-se uma fiel seguradora de proximidade universal hipotética. Onde quer que você esteja, nunca estará tão distante a ponto de não poder se fazer presente, seja em uma reunião com seu chefe, seja para dar boa-noite a quem se ama – o que é, para muita

---

2   Ibid., p. 10.

gente, sabendo ou não disso, uma sensação simultaneamente aterradora e maravilhosa.

Foi assim que a pandemia se tornou – se não o acontecimento em si, novo e transformador – um acontecimento revelador da situação contemporânea do século XXI, ou melhor, da nossa maneira de viver e conviver com a proximidade e a distância. Cachopo, para não deixar abstrata a tese que defende, aponta cinco sentidos (amor, estudo, arte, comunidade, viagem) que agora seriam torcidos em relação a tudo o que antes imaginávamos que eles eram. Porém, ao considerá-los, evita uma postura tanto catastrofista (que enxerga nas tecnologias digitais somente um empobrecimento da experiência ou o domínio sobre a vida) quanto ingênua (que endossa novas mídias acriticamente, como se fossem uma panaceia redentora). Seria o caso, mais filosoficamente, de compreender as mudanças em curso, e não tanto de julgá-las, pois o mundo por vir será constituído por elas, que irão transformar as nossas experiências de proximidade e distância no espaço, bem como as de urgência e demora no tempo, em geral privilegiando as primeiras em relação às últimas: tudo parecerá mais próximo e mais rápido do que antes.

A torção de que aqui se fala é, pois, a daqueles sentidos – como o amor, o estudo, a arte, a

> comunidade e a viagem, entre outros tantos de que não cheguei a falar – cuja experiência se assenta no reconhecimento de uma distância e de uma proximidade que significam *para nós* e não *em si*. Com efeito, o que são aqueles sentidos senão formas significativas de aproximação e distanciamento – da alteridade (amor), do desconhecido (estudo), do enigmático (arte), do comum (comunidade), do remoto (viagem)? [...] Importa encarar a "torção dos sentidos" sem fatalismo.[3]

Não foi a pandemia que inventou a comunicação digital, mas é ela que marca o momento no qual a sociedade, que já caminhava nessa direção, acolhe, com irritação e entusiasmo, o fato de que tal comunicação é uma realidade irretratável. O alarde pouco depois de passada a pandemia diante das diversas formas de inteligência artificial, dentre as quais a mais conhecida foi o ChatGPT, não se deveu apenas ao avanço tecnológico em si que está aí implicado. Na verdade, ele resulta da conjugação do avanço com este momento no qual, por toda parte, a tecnologia mostra-se ao mesmo tempo ameaçadora e salvadora. Não se trata de uma história nova, está claro, uma vez que há tempos a humanidade,

---

3   Ibid., p. 12.

especialmente a ocidental, se relaciona com a tecnologia entre o medo e a esperança.

Contudo, nesse contexto, a oscilação é afetada pela suspeita de que a tecnologia pode não ser meramente um instrumento a serviço da humanidade: se sua ameaça é eliminar ou substituir a humanidade, sua salvação seria construí-la ou aprimorá-la – duas coisas que, curiosamente, às vezes parecem intercambiáveis. De qualquer modo, a tecnologia deixou de ser apenas um conjunto de apetrechos úteis que servem a uma finalidade estipulada e dominada pela humanidade, como Martin Heidegger previra desde os anos 1940, ao afirmar que "a técnica não é, portanto, um simples meio".[4] Ela se transformou em um modo de ser da realidade, uma maneira pela qual o ser é compreendido.

Por isso, a nossa relação com a tecnologia é pautada, a partir de agora, pela sensação de que, embora mensure e controle a realidade, ela não tem um titular humano a comandar esse processo, como se estivesse por conta própria. É possível que a tecnologia ganhe uma autonomia em seus procedimentos,

---

[4] Martin Heidegger, "A questão da técnica", in *Ensaios e conferências*, trad. Emmanuel Carneiro Leão, Gilvan Fogel e Marcia Sá Cavalcante Schuback, Petrópolis: Vozes; Bragança Paulista: Editora Universitária São Francisco, 2012, p. 12.

abandonando o ser humano? Este é o perigo cifrado na ideia de inteligência artificial para a maior parte de nós. Uma coisa é certa: se a única forma de ser que adotarmos for a da máquina, isso não fará grande diferença. Este não é um mundo inventado pela pandemia, mas é o mundo que se definiu politicamente – ou seja, como o que diz respeito a todas e todos nós – a partir de como a vivemos.

Meu objetivo, nesta reflexão, é chamar a atenção para o que a pandemia de Covid-19 exige e dá a pensar como um acontecimento histórico, sem repetir o barulho excessivo que tantos filósofos fizeram sobre ela, projetando efeitos épicos para o bem ou para o mal no futuro, e sem tampouco desprezá-la, como fez Badiou. Desse modo, considero insuficientes tanto os pareceres sobre o ineditismo quanto aqueles sobre a repetitividade da pandemia no tempo. São dois lados de uma mesma moeda, que a isolam, como um acontecimento, do momento específico em que ela ocorreu. Como quase tudo, também a pandemia de Covid-19 foi o que foi porque aconteceu quando aconteceu. Um acontecimento só é o que ele é porque é quando é. No caso da pandemia, o instante no qual ela apareceu no mundo potencializou, consolidou e explicitou de uma só vez dois aspectos que, agora vemos com clareza, marcam nossa época: por um lado, a tecnologia, já identificada anteriormente, e, por outro, a natureza. Mesmo que ainda hoje não se tenha certeza quanto à sua origem, a interpretação fixada sobre o fenômeno sugere que ele resultara, de um modo ou de outro, da reação da natureza aos avanços humanos sobre ela.

Sabe-se que a pandemia de Covid-19 originou-se na China. Ainda há, contudo, pelo menos três hipóteses sobre como o Novo Coronavírus chegou aos seres humanos. A primeira é a da transmissão por uma espécie não humana, que provavelmente estava no Mercado de Frutos do Mar de Huanan, na província de Wuhan, onde peixes, carnes e animais selvagens se misturavam e eram vendidos como alimento. A segunda é a da criação intencional, em laboratório, de uma arma biológica para a infecção de humanos, supostamente patrocinada pelo Exército de Libertação Popular da China. A terceira é a de um acidente não intencional, possivelmente no Instituto de Virologia de Wuhan, isto é, mais uma vez em laboratório, onde um erro de manipulação genética teria resultado na infecção de um humano. O aparato de Estado da China, com seu controle rigoroso, oferece pouca ajuda para definir a resposta exata entre as três hipóteses ou garantir transparência nas investigações.

Em quaisquer delas, há um componente pelo qual o ser humano – no contato com algum elemento não humano, como um animal vindo de uma floresta devastada ou um vírus – provoca na natureza um efeito cujas proporções não podem ser completamente antecipadas e controladas. Não se pode precisar, portanto, a origem empírica da pandemia, mas se pode concluir que, provavelmente, a origem causal está na nossa forma de interagir com a natureza, como se esta fosse um manancial à disposição dos desígnios humanos. Ela, agora percebemos, reage – não por vingança ou ira, mas porque há uma lógica interna segundo a qual as ações humanas provocam consequências naturais na Terra. Nessa medida, tornou-se impositivo vincular a pandemia de Covid-19 a uma dimensão ecológica.

As principais teses sobre a pandemia nessa direção foram as do filósofo francês Bruno Latour. Mais uma vez, não se tratava de fazer dela um acontecimento capital graças ao qual a periculosidade de ações humanas sobre a natureza veio ao mundo. Badiou estava certo a esse respeito. Novamente, contudo, o isolamento que ele faz da pandemia como apenas um fato sanitário mostra-se limitado para o entendimento daquilo que, a partir dela, precisa ser pensado sobre o momento histórico contemporâneo. Latour, por sua vez, contextualiza a crise da pandemia em relação à mutação ecológica do aquecimento global. Distinguindo os dois significados, define crise como um evento pontual, momentâneo e que pode ser resolvido, enquanto a mutação é geral, duradoura e sem solução definitiva. Sendo assim, a pandemia é uma crise, da qual saímos, mas o colapso climático é uma mutação, que ainda enfrentaremos. "Efetivamente, a crise da saúde está inserida no que não é uma crise – sempre temporária –, mas, sim, uma mutação ecológica duradoura e irreversível", diz Latour. E prossegue:

> Se temos a oportunidade de "sair" da primeira, não temos sequer uma para "sair" da segunda. As duas situações não estão na mesma escala, mas é muito esclarecedor articular uma com a outra. De qualquer forma, seria uma pena não aproveitar a crise da saúde para descobrir outros meios de entrar na mutação ecológica de uma maneira diferente do que às cegas.[5]

Não haveria saída da mutação ecológica, que se manifesta pelo colapso climático com o aquecimento global, mas há diferentes maneiras de entrar nela, de conviver,

---

[5] Bruno Latour, "Imaginar os gestos-barreiras contra o retorno da produção anterior à crise", *Instituto Humanitas Unisinos*, 7 abr. 2020. Disponível em: www.ihu.unisinos.br/597852-imaginar-os-gestos-barreiras-contra-o-retorno-daproducao-anterior-a-crise-artigo-de-bruno-latour. Acesso em: 22 nov. 2024.

lidar ou compor com ela. Em termos de proporção, o que aconteceu com a Covid-19 não tem precedentes na história das pandemias e, ainda assim, é ínfimo, quando a comparamos à situação ecológica – de que ela foi um breve capítulo. Ou seja, a maior pandemia da história é pequena perto da situação ambiental contemporânea. Tal situação é chamada por Latour e outros autores, embora não seja consensual, de Antropoceno. Literalmente, o Antropoceno designa uma era, idade ou época – o "ceno" – na qual o impacto das atividades humanas – o "antropos" – sobre a Terra tornou-se igual ou maior do que qualquer força natural, transformando-se em uma espécie de força geológica – ou, em certo sentido, sobre-humana.

Desde a industrialização no século XIX e, de maneira ainda mais acelerada, e desde a economia de combustíveis fósseis e a criação extensiva de gado em meados do século XX, por exemplo, a humanidade começou a interferir no meio ambiente em uma intensidade absolutamente sem precedentes. Como consequência, tornamo-nos, cada vez mais, uma força inédita de alteração na e da Terra. Com isso, as causas de fenômenos naturais ameaçadores e de enorme proporção não são mais estranhas às nossas atividades; ao contrário, correspondem aos efeitos do projeto civilizatório moderno de produção e consumo sobre a Terra. É plausível, então, interpretar a pandemia de Covid-19 como um fenômeno precisamente desse tipo.

Latour admite o caráter polêmico do conceito de Antropoceno, mas ainda assim o emprega para "nomear a época atual", na medida em que, "agora, não se trata mais de pequenas flutuações climáticas, mas de uma perturbação que mobiliza o próprio sistema terrestre".[6] O que se desenha a partir daí, e de que a crise da pandemia do Novo Coronavírus pode ser um bom exemplo, é a mutação pela qual a Terra, compreendida como um sistema, reage constantemente a cada ação humana, subtraindo, sob o nome de natureza, a antiga paisagem supostamente estável com a qual contávamos, como se fosse uma plataforma neutra e de recursos infinitos. Essa plataforma servia de esteio, em tese, para realizar a modernização, que continua com seus esforços, sobretudo através do capitalismo tardio no século XXI em formato globalizado. Segundo Latour, foi precisamente o caráter globalizado do atual desenvolvimento, do qual a sociedade costuma se orgulhar em termos de economia, que o fragilizou. A esse respeito, a pandemia de Covid-19 é o exemplo perfeito: não fosse o desenvolvimento

---

[6] B. Latour, *Onde aterrar? Como se orientar politicamente no Antropoceno*, trad. Marcela Vieira, Rio de Janeiro: Bazar do Tempo, 2020, p. 55-56.

globalizado da tecnologia de transportes e da locomoção veloz de pessoas pelo mundo todo e a todo momento, dificilmente o vírus teria se espalhado tão rapidamente. O fluxo de aviões na economia mundial foi uma das principais causas da pandemia, que, de outro modo, teria sido mais lenta ou não passaria de uma epidemia.

O vínculo entre a mutação ecológica e o capitalismo tardio foi apontado por autores preocupados tanto com a primeira questão, como Latour, quanto com a segunda, como o crítico norte-americano Jonathan Crary. Ele identificou um regime de temporalidade – que chamou de "24/7", isto é, 24 horas e sete dias por semana – como a principal e perversa inovação do capitalismo em sua fase tardia. Com isso, instaurar-se-ia um ritmo cíclico de repetição constante, desprovido até das pausas e brechas do capitalismo tradicional, como o descanso, as férias, os fins de semana e, sobretudo, o sono. Exceto os despossuídos ou miseráveis que vivem à margem do sistema capitalista, produzimos e consumimos a todo momento, sem parar. Para Crary, tal "imperativo 24/7 é inseparável da catástrofe ambiental", tendo em vista "sua exigência de gasto permanente e desperdício sem fim", assim como a "interrupção fatal dos ciclos e estações dos quais depende a integridade ecológica do planeta".[7]

---

[7] Jonathan Crary, *24/7: capitalismo tardio e os fins do sono*, trad.

O que fica claro, portanto, é que, seja a pandemia, seja o Antropoceno, estamos diante de fenômenos que são, a um só tempo, sociais e naturais, humanos e não humanos, históricos e planetários. No caso da mutação ecológica, a transformação ameaça nada menos do que a sobrevivência humana na Terra, bem como a de outros seres vivos. Sob tal prisma, a pandemia de Covid-19 não deixou de servir de aviso, ou susto, na medida em que, pelo menos por alguns meses, acreditou-se na possibilidade catastrófica – embora incerta – de um extermínio em massa da humanidade pela contaminação. Um vírus natural parou o mundo civilizado.

Bruno Latour acreditava que esse evento poderia nos ensinar algo crucial sobre como responder ao Antropoceno, a partir da exigência de uma transformação no projeto civilizatório moderno de produtividade incessante que destrói a natureza – de que dependemos. Precisaríamos, de algum modo, frear a locomotiva do progresso, como diz a seguir.

> A primeira lição do coronavírus é também a mais impressionante: a prova está dada. De fato, é possível, em algumas semanas, suspender em qualquer lugar e simultaneamente um sistema

---

Joaquim Toledo Jr., São Paulo: Cosac Naify, 2014, p. 19.

econômico que até agora nos disseram que era impossível desacelerar ou redirecionar. Contra todos os argumentos dos ecologistas sobre a necessidade de mudar nossos modos de vida, sempre se opuseram os argumentos da força irreversível do "trem do progresso" que nada podia fazer para sair de seus trilhos, "devido", nos diziam, "à globalização". No entanto, é precisamente sua condição de globalizado que torna tão frágil este famoso desenvolvimento, capaz não apenas de parar, mas de parar por completo. [...] Daí esta incrível descoberta: já havia no sistema econômico mundial, escondido de todos, um sinal de alarme em vermelho vivo, com um cabo grosso de aço temperado, que os chefes de Estado, cada um a seu turno, podiam disparar para deter "o trem do progresso" e ouvir seus freios rangerem. Se a demanda por mudar em 90 graus nosso rumo para aterrissar no solo parecia, ainda em janeiro [de 2020], uma doce ilusão, tornou-se mais realista.[8]

---

[8] B. Latour, "Imaginar os gestos-barreiras contra o retorno da produção anterior à crise", 2020.

VIDA E MORTE

Eram tantas as mortes, que podíamos não saber onde estava a vida. Desde que a pandemia de Covid-19 começara, em 2020, o modo de pensar a morte e a vida alterou-se. Foi como desbalancear o equilíbrio – ainda que um equilíbrio sempre estranho – estabelecido na relação entre elas. Afinal, até 2019, ninguém contava diariamente quantas mortes aconteceram no mundo, em um país ou em uma cidade. Muita gente estava morrendo por diversas doenças, algumas assemelhadas àquela causada pelo Novo Coronavírus, como a gripe suína, decorrente do vírus H1N1. Nós aceitávamos o fato como a cota de mortes da qual não se pode escapar, uma vez que somos seres finitos. Conforme Martin Heidegger, o grande filósofo do século XX, já afirmava em 1927, a morte é indeterminada, mas sempre certa, ou seja, embora não saibamos quando, sabemos que não escapamos de morrer.[1] Coletivamente, por isso, aceitávamos que a morte fazia parte da vida, que pessoas morriam e iriam morrer.

Mais ainda: sabemos que medidas restritivas sobre o nosso convívio social podem diminuir a quantidade de mortes que enfrentamos independentemente de pandemia, mas não as praticamos porque o custo de garantir a vida assim parece ser alto demais para continuarmos a vivê-la depois do que passamos. Para dar um só exemplo, ainda que absurdo: carros poderiam ser proibidos e, provavelmente, não teríamos tantos acidentes de trânsito, poupando vidas. Contudo, este não é um tópico presente no debate público, porque a liberdade dos deslocamentos com o emprego da tecnologia não é algo de que, aparentemente, estejamos dispostos a abrir mão. Logo, convivemos com mortes causadas por acidentes de trânsito. São muitas. Podemos buscar evitá-las com medidas paliativas: definição de limite de velocidade, instalação de radares, uso de cinto de segurança ou promoção de campanhas educativas. Podemos ainda lamentar quando, apesar disso, pessoas morrem em acidentes. Mas quase ninguém aventa abandonar os carros.

---

[1] Martin Heidegger, *Ser e tempo*, trad. Marcia Sá Cavalcante Schuback, Petrópolis: Vozes, 2009, p. 335.

Com a pandemia, entretanto, uma nova doença apareceu e ameaçou a vida a ponto de se cogitar a interrupção de qualquer deslocamento humano. Por suas características, a Covid-19 justificou, em boa parte do mundo, a adoção de medidas restritivas radicais para o convívio social. Graças a elas, a disseminação do vírus causador da doença poderia ser contida. Uma vez que a propagação viral ocorre pelo ar, de pessoa para pessoa, e indiretamente pelo contato com superfícies de objetos contaminados, a pandemia seria amenizada pelo controle da circulação dos corpos, isto é, uma mudança de comportamento pessoal e social que abandonaria a intensidade de relações mundanas segundo a qual nos acostumamos a conviver, em especial desde a época moderna.

Foram várias as medidas restritivas que surgiram desde 2020. Em alguns países, como a Itália, primeira nação do Ocidente atingida pela pandemia, houve um lockdown. O Estado proibiu os cidadãos de saírem de suas casas, a não ser por motivos justificados, como comprar medicamento em farmácias e comida em mercados. Vários países fizeram o mesmo, como Argentina e Portugal. Quase todos adotaram alguma proibição, ainda que não tão drástica. Restaurantes fecharam ou funcionaram em horário restrito, aulas escolares foram suspensas, velórios foram reduzidos, o número de pessoas em encontros domésticos foi limitado, festas se tornaram ilegais. Tudo foi feito contra o que então representava o mais temido perigo: as aglomerações.

Em suma, a vida presencial pública, social e até afetiva foi suspensa, em diferentes graus, em quase todo o mundo. Quem gostava de fazer exercícios não podia ir mais à academia. Quem apreciava arte não tinha museu para visitar. Quem era apaixonado por futebol deixou de frequentar o estádio. Mesmo em países nos quais as proibições foram brandas ou gradualmente afrouxadas, muita gente permaneceu receosa. Embora manifestações contra as restrições tenham ocorrido em vários países, como na Alemanha, a maioria da população as aceitou. Em alguns casos, clamaram por elas. No Brasil, o então presidente Jair Bolsonaro desdenhou várias vezes da pandemia, fez pouco caso da compra de vacinas e resistiu a adotar medidas restritivas, o que ficou a cargo de governadores e prefeitos. Resultado: ele teve queda drástica de popularidade e atraiu a crítica da mídia. Isso permitiria perguntar: se, em geral, aceitávamos tanto a morte como uma parte da vida quanto a existência de doenças letais, sem que essa compreensão tivesse como consequência resoluções sociais ou sanitárias radicais, por que, com a Covid-19, foi diferente? O que houve?

"Não é o simples medo da morte", respondeu o filósofo português José Gil, "é a angústia da morte absurda, imprevista, brutal e sem razão, violenta e injusta", portanto, o que "arrebenta com o sentido e quebra o nexo do mundo".[2] Nessas palavras, encontramos os elementos que explicam a excepcionalidade da morte durante a pandemia: a relação com ela não é apenas a da objetividade do medo perante alguma coisa concreta, mas a da subjetividade da angústia diante da existência absurda que subitamente se vê sob perigo; seu aparecimento foge a toda previsibilidade que até então nos apaziguava dentro da vida e, por isso, surpreende; sua velocidade e seu alcance acarretam uma brutalidade e dão a sensação de um choque violento. Não se trata apenas, portanto, das mortes em decorrência de uma nova doença, mas de uma vida coletiva que se percebeu, subitamente, cercada pela morte por todos os lados e a todo momento. Em outras palavras, a pandemia não só matou todos aqueles que morreram por Covid-19, como também deixou, para os sobreviventes, um ambiente mórbido.

Escritos ainda no século XX, poucas vezes os dramas de Samuel Beckett tiveram tanta pertinência quanto no século XXI, e especialmente durante a pandemia.

---

[2] José Gil, *O medo*, São Paulo: n-1 edições, 2020.

Os diálogos lacônicos e as cenas sem muitas ações descrevem a paralisia que sentimos diante do absurdo, esperando algo que nunca chega e, às vezes, até o fim do jogo que vivemos. Impressiona como o ambiente mórbido que nos rodeava foi por ele retratado em *Fim de partida*,[3] peça escrita nos anos 1950.

> Hamm – Como está o tempo?
> Clov – Como sempre.
> Hamm – Olhe a terra.
> Clov – Já olhei.
> Hamm – Com a luneta?
> Clov – Não preciso de luneta.
> Hamm – Olhe de novo com a luneta.
> Clov – Vou buscar a luneta.
> *Clov sai.*
> Hamm – Não precisa de uma luneta!
> *Entra Clov com a luneta.*
> Clov – Voltei, com a luneta. (*Vai até a janela direita, olha para cima.*) Falta a escada.
> Hamm – Por quê? Você encolheu? (*Clov sai com a luneta.*) Não gosto disso, não gosto disso.

---

[3] Samuel Beckett, *Fim de partida*, trad. Fábio de Souza Andrade, São Paulo: Cosac Naify, 2010.

Entra Clov com a escada, mas sem a luneta.

Clov — Voltei, com a escada. (*Instala a escada sob a janela direita, sobe, percebe que está sem luneta, desce.*) Falta a luneta.
Vai para a porta.

Hamm — (*Com violência.*) Mas você já está com a luneta!

Clov — (*Parando, com violência.*) Não, não estou com a luneta!
Sai.

Hamm — Que tristeza.
Entra Clov com a luneta. Vai até a escada.

Clov — A coisa está esquentando. (*Sobe na escada, dirige a luneta para o exterior, ela escapa-lhe das mãos, cai. Pausa.*) Fiz de propósito. (*Desce, pega a luneta, examina-a, dirige-a para a plateia.*) Vejo... uma multidão... delirando de alegria. (*Pausa.*) Isso é que eu chamo de lentes de aumento. (*Abaixa a luneta, volta-se para Hamm.*) E então? A gente não ri?

Hamm — (*Depois de refletir.*) Eu não.

Clov — (*Depois de refletir.*) Nem eu. (*Sobe na escada, dirige a luneta para o exterior.*) Vejamos... (*Olha, movimentando a*

	luneta.) Zero... (*olha*) ... zero... (*olha*) ... e zero. (*Abaixa a luneta, volta-se para Hamm.*) E então? Satisfeito?
Hamm	– Nada se mexe. Tudo está...
Clov	– Zer...
Hamm	– (*Com violência.*) Não falei com você! (*Voz normal.*) Tudo está... tudo está... tudo está o quê? (*Com violência.*) Tudo está o quê?
Clov	– Como tudo está? Em uma palavra? É isso que quer saber? Só um segundo. (*Dirige a luneta para o exterior, olha, abaixa a luneta, volta-se para Hamm.*) Cadavérico. (*Pausa.*) E então? Contente?[4]

Ninguém estava contente com o mundo cadavérico onde nossos corpos passaram a viver. Mas assim foi. Por isso, a pandemia não afetou apenas os corpos que, adoecidos, morrem em função dela e, por vezes, com enorme sofrimento, sem ar; ela afetou os corpos que viveram e sobreviveram, mas cujos olhos, em rostos cobertos por máscaras, viam ainda – através de lunetas, telas, jornais e tantos meios de comunicação – um medo sem igual,

---

[4] Ibid., p. 67-70.

encarnado em qualquer outra pessoa, eventual portadora do vírus. O outro passou à condição de ameaçador involuntário da minha vida – com danos para o sentido de comunidade tanto afetiva quanto política, tanto amorosa quanto social. O outro não precisava mais de arma para que pudesse vir a me matar: bastava querer me tocar, ou mesmo respirar perto de mim. E ele podia ser quem mais amo. Não dependia da sua vontade.

* * *

Isso tudo é o que arrebenta o sentido. É o que torna a pandemia uma condição que suscita não apenas o medo, do qual podemos nos defender de várias maneiras, uma vez que sua causa é específica: o vírus, a doença. Para isso existem máscaras, distanciamento social, álcool em gel. Mas a pandemia suscita ainda a angústia e, diante dela, não há nada a fazer, pois o sentimento não tem uma causa específica ou material que possamos combater objetivamente. O que angustia na angústia é que sua questão se dá na ordem dos sentidos, que faltam, e não das coisas, que podem abundar. Cada vez mais, fica claro que a pandemia não foi apenas um problema para o corpo físico, mas também para o corpo psíquico, se essa distinção for mesmo possível. Ela nos colocou de frente com a nossa finitude insuperável.

Desde o século XIX, vários pensadores tematizaram a distinção entre o medo e a angústia, dentre os quais Kierkegaard, Freud e Heidegger. Eles apontaram que, enquanto no temor nós temos medo de algo determinado, na angústia estamos diante de um sentimento sem objeto e que nos toma por inteiro, colocando em questão toda relação entre nós e o mundo. Heidegger chamou a atenção para a "estranheza" que é sentir angústia, uma vez que ela rompe a familiaridade habitual com a qual lidamos com o que está à nossa volta.[5] Tudo se torna estranho com ela, que arrebenta o sentido das coisas e quebra o nexo do mundo. Ficamos perdidos. O ordenamento de valores, projetos e significados subitamente desaparece.

Nesse aspecto, a pandemia não foi apenas objeto do nosso medo; foi sentimento da nossa angústia. Por suas próprias características, a Covid, invisível e disseminada, sem lugar e onipresente, tinha mesmo tudo o que era preciso para a angústia. Por isso, o psicanalista Joshua Durban fez, a partir de um caso clínico, uma pergunta decisiva: onde mora a Covid? Na verdade, não foi ele que a formulou, mas Ruti, uma menina de cinco anos que Durban atendia em análise. Depois de ter

---

[5] M. Heidegger, "O que é metafísica?", in *Marcas do caminho*, trad. Enio Paulo Giachini e Ernildo Stein, Petrópolis: Vozes, 2008.

a pergunta devolvida para si, ela comentou, quase poeticamente: "Está no ar, no céu, nas estrelas, na água e nas plantas, nas pessoas, nos animais, em Deus e na comida" – e completou que estaria também em seu irmão caçula cujo nascimento, meses antes, provocara angústias e sintomas.[6] Não é pouca coisa. Nada parecia escapar à Covid. Ela estava em toda parte: acima e abaixo, na natureza e na cultura, nos bichos e nos sujeitos, no sólido e no líquido, dentro e fora – o que talvez explique a fuga frustrada de tantos de nós para nossas casas, como a frágil esperança de proteção de alguma coisa capaz de atravessar tudo.

Voltando à peça *Fim de partida*, de Beckett, percebemos o desespero dessa situação. Nossos olhos procuravam na paisagem qualquer coisa que fugisse da Covid – mas apenas para encontrá-la novamente. Os personagens Clov e Hamm tentavam direcionar o olhar, ou a luneta, para outros lugares, onde, quem sabe, uma paisagem menos cadavérica apareceria, onde haveria mais vida do que morte, onde seus corpos não teriam a sensação de que encolheram e por isso precisam de uma

---

[6] Joshua Durban, "Onde mora a covid? Ansiedades osmóticas/difusas, isolamento e continência em tempos de peste", in Ana de Staal e Howard B. Levine (orgs.), *Psicanálise e vida cotidiana: desamparo coletivo, experiência individual*, trad. Bartholomeu de Aguiar Vieira et al., São Paulo: Blucher, 2021, p. 352-353.

escada. Nada adianta. Lendo a peça, tem-se a impressão de que Ruti poderia conhecer o teatro de Beckett, tal é a semelhança entre seu relato sobre a Covid e o que Clov e Hamm descrevem. Nos dois casos, o mundo inteiro sucumbe, ameaçado.

Hamm – Olhe o mar.
Clov – Dá na mesma.
Hamm – Olhe o oceano!
Clov desce da escada, dá alguns passos em direção à janela esquerda, volta e pega a escada, instala-a sob a janela esquerda, sobe, dirige a luneta para o exterior, olha longamente. Sobressalta-se, abaixa a luneta, examina-a, dirige-a novamente para o exterior.
Clov – Nunca vi nada igual!
Hamm – (*Ansioso.*) O quê? Uma vela? Uma nadadeira? Fumaça?
Clov – (*Ainda olhando.*) O farol afundou.
Hamm – (*Aliviado.*) Pfuh! Faz tempo.
Clov – (*Olhando.*) Tinha sobrado um pouco.
Hamm – A base.
Clov – (*Olhando.*) É.
Hamm – E agora?
Clov – (*Olhando.*) Mais nada.

Hamm — Nem gaivotas?
Clov — (*Olhando.*) Gaivotas!
Hamm — E o horizonte? Nada no horizonte?
Clov — (*Abaixando a luneta, volta-se para Hamm, exasperado.*) Que você esperava que houvesse no horizonte?
Pausa.
Hamm — As ondas, como estão as ondas?
Clov — As ondas? (*Direciona a luneta.*) De chumbo.
Hamm — E o Sol?
Clov — (*Ainda olhando.*) Zero.
Hamm — Deveria estar se pondo. Procure bem.
Clov — (*Depois de procurar.*) Dane-se o Sol.
Hamm — Então já está no escuro?
Clov — (*Olhando.*) Não.
Hamm — Está o quê, então?
Clov — (*Olhando.*) Cinza. (*Abaixando a luneta e voltando-se para Hamm, mais alto.*) Cinza! (*Pausa. Mais alto ainda.*) CINZA!
Pausa. Desce da escada, aproxima-se de Hamm por trás, sussurra em seu ouvido.
Hamm — (*Sobressaltado.*) Cinza? Você disse cinza?
Clov — Preto-claro. O universo todo.[7]

---

[7] S. Beckett, op. cit., p. 67-70.

***

Neste ambiente cinza, ou preto claro, ficava difícil até enxergar o azul do céu e do mar. Refugiamo-nos em nossas casas, e o que víamos a partir delas, com nossas lunetas de tecnologia que nos colocavam em contato com o mundo, era desanimador. O universo parecia consumido pelo vírus, ou então pela sua ameaça, que residia nos corpos das pessoas, desde as que nem conhecíamos até aquelas que mais amávamos. "Nunca vi nada igual", afirma Clov. Seria impossível que uma experiência assim, por mais que defensivamente nos recolhêssemos em nós mesmos, ficasse apenas do lado de fora de nossas vidas. Pelo contrário, a pandemia explicitou que o dentro da casa podia até nos proteger um pouco do medo do vírus, mas não resolvia nossa angústia diante do mundo no qual ele existia. (E isso poderia muito bem servir de metáfora crítica para uma ingenuidade individualista difundida na sociedade capitalista de que a privatização dos espaços serve de defesa contra os males externos, como a violência urbana, já que essa lógica nunca dá conta do modo como os espaços públicos se esvaziam e o sentimento de mundo comum evanesce em medo apartado.)

Ficamos tão perdidos, que nem mesmo em nossas casas nos achamos. Todas as autoridades médicas e governamentais responsáveis diziam aos cidadãos, desde o começo da pandemia, que ficassem em casa. Sorte de quem tinha uma para atender à recomendação. Mas será que uma casa da qual não se sai e para a qual não se volta seria ainda uma casa? Desconfio que não. Pois não há casa sem rua. Não há dentro sem fora. Uma casa onde a porta se transformou em parede já não é bem uma casa. Falta a ela o entre: um cá e um lá que se comuniquem. Para preservar a vida, estaríamos abdicando do mundo. Foi justamente nesse ponto de tentar compreender a pandemia de Covid-19 que surgiu a voz mais polêmica e provocativa da filosofia, a de Giorgio Agamben. O pensador italiano fora crítico de primeiríssima hora do modo pelo qual seu país e outros enfrentaram a pandemia. De acordo com Agamben, eles adotaram medidas que, em nome da segurança, restringiam a liberdade. Poder-se-ia dizer que, para ele, a salvação da vida estaria pondo a perder tudo que nela interessa para além de sua preservação simples, rudimentar, biológica e nua.

* * *

Quanto estaríamos dispostos a abdicar do mundo em nome da preservação da vida? Essa pergunta apresenta, em síntese, a questão que Giorgio Agamben colocou sobre a pandemia da Covid-19 desde fevereiro de 2020, com a publicação de diversos comentários breves.[8] Retomando teses que já defendera décadas antes, Agamben desconfiava de que poderíamos estar demasiadamente resignados a somente manter nossa sobrevivência física e biológica, cuja relevância teria superado quaisquer outras formas de existência: fabricadora, econômica, política, social, afetiva. Desde pelo menos *Homo sacer*, escrito nos anos 1990, o filósofo constituiu seu pensamento como uma rigorosa crítica ao que chamou de "vida nua",[9] *grosso modo*, aquela despida de tudo exceto sua própria manutenção natural. Para ele, a pandemia estaria servindo de pretexto para que, na ordem do Estado e da sociedade, essa vida nua prevalecesse acima de tudo, como se o valor absoluto da vida fosse ela própria, e não o que se faz nela, e como se a morte tivesse que ser evitada a todo e qualquer custo diante de como vivemos. Se a hipótese fosse verdadeira, seria como se, para empregar as categorias de Hannah Arendt, o labor natural tivesse sobrepujado e eliminado o trabalho no mundo e a ação na política.

---

[8] Publicados originalmente em sua coluna no site da editora Quodlibet entre fevereiro e abril de 2020. (N.E.)

[9] Giorgio Agamben, *Homo sacer: o poder soberano e a vida nua I*, trad. Henrique Burigo, Belo Horizonte: Editora ufmg, 2002, p. 16.

O primeiro comentário de Agamben sobre a Covid-19 foi escrito em fevereiro de 2020, quando a Organização Mundial da Saúde (OMS) ainda nem sequer declarara oficialmente que o mundo passava por uma pandemia. O fato de viver na Itália, primeiro país do Ocidente atingido pelo vírus, precipitou a abordagem de Agamben, que se intitulou "A invenção de uma epidemia".[10] No seu texto, ele chama a atenção para as "frenéticas, irracionais e totalmente imotivadas medidas de emergência motivadas por uma suposta epidemia do coronavírus", apontando então que "a mídia e as autoridades estão se empenhando em espalhar um clima de pânico".[11] Seguindo a declaração oficial do Consiglio Nazionale delle Ricerche (CNR) [Conselho Nacional de Pesquisa], o filósofo defendia que não haveria uma verdadeira epidemia acontecendo, e sim uma invenção para legitimar medidas de controle social pelo Estado. Se possível, por ora deixemos em suspenso o equívoco – hoje já óbvio – da avaliação inicial de Agamben, ao menos no que diz respeito à ausência de gravidade da

---

[10] G. Agamben, "A invenção de uma pandemia", in *Reflexões sobre a peste: ensaios em tempos de pandemia*, trad. Isabella Marcatti, São Paulo: Boitempo, 2020.
[11] Idem.

Covid-19, e tentemos apenas entender qual o raciocínio por trás dele, ou seja, o que estava em jogo.

O argumento de Agamben, portanto, era que os governos usariam a doença para, em nome da defesa da saúde dos corpos, ampliar o controle sobre os indivíduos. Nesse sentido, a vida nua seria o álibi para a instauração de um estado de exceção, com "sérias limitações das movimentações e suspensão do funcionamento normal das condições de vida e de trabalho em regiões inteiras".[12] Para deixar claro como isso funcionaria, Agamben faz uma comparação surpreendente entre a pandemia e o terrorismo, ou ao menos entre os interesses aos quais ambos serviriam: a pandemia teria sido inventada para que cumprisse, em 2020, então quase vinte anos depois do 11 de Setembro de 2001, o papel que o terrorismo não poderia mais cumprir, a saber, justificar as medidas de exceção por parte de governos. Vale dizer que, na época dos atentados, Agamben dava aula nos Estados Unidos e se retirou do país explicitamente por protesto contra a suspenção de leis do estado de direito, feita em nome da urgência da segurança nacional – que na prática, porém, significaria a implementação de um estado de exceção. Nos dois

---

[12] Idem.

casos, o do terrorismo e o da epidemia, a preservação da vida nua teria se imposto, legitimando os governos a suspenderem direitos e liberdade normais dos cidadãos nos países. Logo, a pandemia seria a nova desculpa para o estado de exceção.

Sublinhe-se aqui o protagonismo que, nesse contexto, o afeto do medo ganharia. Tanto no terrorismo quanto na pandemia, o medo deve ser instaurado como dominante nos sujeitos, pois somente contra ele, ou seja, em prol da promessa de segurança, é que as medidas de exceção ganham aceitação. Seguindo a tradicional fórmula da teoria política de Thomas Hobbes, estaríamos dispostos a abdicar de parte da nossa liberdade em troca de segurança. Terror e doença são os pretextos para "um perverso círculo vicioso", afirma Agamben, no qual "a limitação da liberdade imposta pelos governos é aceita em nome de um desejo de segurança que foi induzido pelos próprios governos que agora intervêm para satisfazê-lo".[13] O desejo de segurança pelo qual cederíamos ao poder do estado de exceção depende do medo, porque ele gera o desejo de segurança. O "potencial terrorista" onipresente do início do século XXI teria se tornado o "untador em

---

[13] Idem.

potencial",[14] segundo Agamben afirmou em "Contágio".[15] No texto, escrito ainda em março de 2020, ele lamenta não apenas as limitações de liberdade que as disposições governamentais decretavam, como também "a degeneração das relações entre os homens que elas podem produzir", tendo em vista que, com a pandemia, "o outro homem, quem quer que ele seja, mesmo uma pessoa querida, não deve se aproximar nem ser tocado".[16] Agamben, nesse ensaio, mostra a amplitude de sua desconfiança.

> [...] é difícil não pensar que a situação que elas [as medidas restritivas] criam é exatamente aquela que quem nos governa tentou diversas vezes implementar: que se fechem de uma vez por todas as universidades e as escolas e que se

---

[14] Referência a um personagem imortalizado pelo escritor italiano Alessandro Manzoni no romance *Os noivos* (trad. Francisco Degani, São Paulo: Nova Alexandria, 2012), de 1827, e na *História da coluna infame*, publicada como apêndice à edição de 1842 do romance, ambientado em uma Milão que vivia a peste bubônica. O untador, ou contaminador, era uma figura temida porque pertencia a uma seita de feiticeiros que espalhariam a doença. (N.E.)

[15] G. Agamben, "Contágio", in *Reflexões sobre a peste: ensaios em tempos de pandemia*, trad. Isabella Marcatti, São Paulo: Boitempo, 2020.

[16] Idem.

deem apenas aulas on-line, que se suspendam os encontros e as conversas por razões políticas ou culturais e que se troquem apenas mensagens digitais, que onde quer que seja possível as máquinas substituam qualquer contato – qualquer contágio – entre os seres humanos.[17]

Pouco tempo depois desses primeiros comentários, Agamben buscaria desvencilhar suas preocupações e teses gerais da avaliação específica sobre a gravidade da Covid-19. Se, no começo, comentava "uma gripe normal, não muito diferente daquelas recorrentes todos os anos",[18] depois ele tentou apartar-se dessa descrição e oferecer outro viés para a discussão, segundo o qual "o problema não é dar uma opinião sobre a gravidade da doença, mas se perguntar sobre as consequências éticas e políticas da epidemia".[19] Agamben não fez um mea-culpa. Porém, essa postura certamente tornava-se mais interessante. Retirava o debate sobre a pandemia da suposta objetividade científica e o situava em outro patamar, não aquele das meras opiniões, e sim o

---

[17] Idem.
[18] G. Agamben, "A invenção de uma epidemia", 2020.
[19] G. Agamben, "Esclarecimentos", in *Reflexões sobre a peste: ensaios em tempos de pandemia*, trad. Isabella Marcatti, São Paulo: Boitempo, 2020.

da reflexão filosófica acerca das condições históricas segundo as quais estaríamos, no século XXI, comportando-nos diante da Covid-19.

Neste patamar filosófico, a despeito do equívoco empírico sobre a gravidade da doença, pode-se perceber que Agamben tem preocupações das quais não conseguimos nos livrar tão facilmente. Elas dizem respeito ao modo como a pandemia transpareceu uma combinação contemporânea entre vida nua e estado de exceção, ou melhor, o fato de que os corpos reduzidos à sua dimensão biológica atendem a um paradigma de governo como controle sobre as pessoas. Noutras palavras, Agamben recusa a naturalização de medidas restritivas drásticas para se lidar com a pandemia. Ele as contextualiza na história, permitindo assim uma visão crítica sobre elas (não somente no sentido de ataque, mas no de delimitar condições de possibilidade). Em sua perspectiva, a preservação da saúde e da vida, bem como o medo da doença e da morte, serviu para que aceitássemos um estreitamento da existência, pautado agora apenas pela sua manutenção, sem maior graça, interesse, rito, trabalho, amor, luto ou liberdade.

De acordo com o próprio Agamben, quem pioneiramente percebeu o problema do que ele chama de "vida nua", antes mesmo das discussões de Michel

Foucault sobre a biopolítica, foi a pensadora Hannah Arendt, embora a seu modo.[20] No livro *A condição humana*,[21] de 1958, ela indica "a vitória do *animal laborans*" na contemporaneidade, quer dizer, a prioridade conferida ao simples esforço para manter o corpo vivo, sobrepujando em importância a capacidade de se fabricar objetos no mundo (que se daria na arte, por exemplo) e a possibilidade de aparecer em atos e palavras quando se participa do âmbito público (como na política). Talvez o homem "esteja a ponto de tornar-se", comentava Hannah Arendt amargamente, "aquela espécie animal da qual, desde Darwin, presume que descende".[22]

Por isso, desde o começo da pandemia, Agamben insistiu em frisar aquilo de que estamos abrindo mão em nome da segurança sanitária com: abolição de aglomerações, interdição de reuniões, fechamento de instituições culturais, suspenção de aulas, proibição de cultos, interrupção de jogos, cancelamento de viagens, revogação de funerais. O apego à vida nua, ou seja, à mera sobrevivência, teria se tornado suficientemente forte para nos fazer abandonar reivindicações

---

20 G. Agamben, *Homo sacer*, 2002, p. 11.
21 Hannah Arendt, *A condição humana*, trad. Roberto Raposo, Rio de Janeiro: Forense Universitária, 1999.
22 Ibid., p. 336.

políticas, que dependem de aglomerações, como em passeatas; encontros sociais, que carecem de reuniões em casa; a experiência estética, que precisa de instituições culturais; as atividades pedagógicas, que ocorrem em escolas e em universidades; os rituais de fé religiosa, que acontecem em cultos; a emoção dos esportes, que se vive em estádios; a descoberta de novos lugares em viagens; o direito de estar presente no enterro de nossos entes queridos. Isso sem falar das limitações impostas a simplesmente sair de casa para qualquer lugar, ou seja, à liberdade de ir e vir.

***

Talvez no Brasil a preocupação de Agamben soe estranha. Por aqui, o governo federal agiu na contramão dos exemplos que o filósofo tinha em vista, especialmente os da Itália, mas também os da França, de Portugal e de vários outros países europeus. Lá, os governos pautaram-se na aplicação rígida de protocolos que deveriam ser seguidos e, se não o fossem, havia punições. Por meses, as populações desses países submeteram-se às normas que Agamben classifica como de um estado de exceção, ou seja, que suspenderiam o estado de direito, com suas garantias *e* liberdades – e com suas garantias *de* liberdade. No Brasil, dificilmente vivemos algo assim. Cabe frisar, então, dois aspectos: um é que Agamben, por vezes, refere-se mesmo é à Itália; o outro é que, ainda assim, sua preocupação, independentemente das medidas concretas que o governo brasileiro tomou ou deixou de tomar, faz-nos pensar em como lidamos e lidaremos com a pandemia como um fenômeno não apenas natural, mas também histórico e político – o que não quer dizer concordar com os arroubos e os equívocos de Agamben.

***

Não há dúvida de que as posições de Agamben no contexto da pandemia foram intempestivas ou até esdrúxulas. Iam na contracorrente dos discursos majoritários da mídia, de especialistas, de sanitaristas. Essas vozes legitimaram-se durante a pandemia por diversos motivos: a necessidade de informação, a competência da ciência, o cuidado com a saúde. No meio disso, a voz de Agamben, com sua filosofia, destoa e incomoda. Isso, contudo, não deveria surpreender. Lembremos que, desde o começo do século XXI, Agamben definira o que significava ser contemporâneo: para ele, não é quem está a par de seu tempo e o acompanha em tudo, quem compõe com o consenso de sua época; pelo contrário, na esteira de Friedrich Nietzsche, contemporâneo seria o extemporâneo, ou seja, quem não está colado ao seu tempo, mas o estranha.

> Pertence verdadeiramente ao seu tempo, é verdadeiramente contemporâneo, aquele que não coincide perfeitamente com este, nem está adequado às suas pretensões e é, [...] nesse sentido, inatual; mas [...] exatamente através desse deslocamento e desse anacronismo, ele é capaz, mais do que os outros, de perceber e apreender o seu tempo. [...] A contemporaneidade, portanto, é uma singular relação com o próprio tempo, que adere a este e, ao mesmo tempo, dele toma distância.[23]

De acordo com tal definição, Agamben foi contemporâneo diante da pandemia. Tomou distância da sua época para melhor vê-la. O que enxergou nesse deslocamento foi um endosso da vida nua e do estado de exceção: a aceitação da redução da vida ao que ela tem de mais básico, com o corpo que se define pela biologia. Essa aceitação permitiria uma passagem do estado de direito ao de exceção. É evidente que, para Agamben, o

---

[23] G. Agamben, *O que é o contemporâneo? e outros ensaios*, trad. Vinícius Nicastro Honesko, Chapecó: Argos, 2009, p. 58-59.

problema não foi que as medidas de exceção entrassem em vigor apenas temporariamente durante a pandemia. O problema é que, assim, "manifesta-se mais uma vez a crescente tendência de usar o estado de exceção como paradigma normal de governo".[24] A crítica política que Agamben faz é baseada na intuição do filósofo Walter Benjamin, que, a partir de uma ponderação ao ideal de pretenso progresso moderno com origem no Iluminismo, escrevera em 1940: "o 'estado de exceção' em que vivemos é na verdade a regra geral."[25] Sob esse aspecto, a pandemia apenas revelou um traço histórico do que já existia antes dela e por ela pôde ser intensificado: o estado de direito como ilusão ideológica parcial da sociedade burguesa.

> Houve, no passado, epidemias mais graves, mas ninguém havia jamais pensado em declarar, por isso, um estado de emergência como o atual, que nos impede até mesmo de nos deslocarmos. Os homens se habituaram de tal modo a viver em condições de crise perene e de perene emergência,

---

[24] G. Agamben, "A invenção de uma epidemia", 2020.
[25] Walter Benjamin, "Sobre o conceito de história", in *Magia e técnica, arte e política*, trad. Sergio Paulo Rouanet, São Paulo: Brasiliense, 1994, p. 226.

> que parecem não se dar conta de que a vida deles
> foi reduzida a uma condição puramente biológi-
> ca e perdeu qualquer dimensão não apenas so-
> cial e política, mas até mesmo humana e afetiva.
> Uma sociedade que vive em um perene estado
> de emergência não pode ser uma sociedade livre.
> Nós vivemos de fato em uma sociedade que sacri-
> ficou a liberdade pelas assim chamadas "razões de
> segurança" e, por isso, está condenada a viver em
> um perene estado de medo e de insegurança.[26]

Não apenas o tom, mas as posições de Giorgio Agamben soaram por vezes insensíveis ao mundo que se tornou cadavérico com a pandemia. Enquanto tantas pessoas morriam, ele criticava a defesa da vida, pois ela seria meramente uma "vida nua". Ironicamente, o filósofo que mais se preocupou com os rituais com os quais fazemos o trabalho de luto é o mesmo que poderia ser acusado de desrespeitar a morte, ao minimizar as medidas que por fim garantiriam a própria vida. Agamben lembrou-se da tragédia grega *Antígona*,[27] na qual a protagonista morre tentando enterrar seu

---

[26] G. Agamben, "Esclarecimentos", 2020.
[27] Sófocles, *Antígona*, trad. Mário da Gama Kury, Rio de Janeiro: Zahar, 1990.

irmão, o que fora proibido pelo governante.[28] Nem Antígona aceitara o que nós teríamos aceitado: a proibição de enterrar quem se ama: "hei de enterrá-lo e será belo para mim/ morrer cumprindo esse dever: repousarei/ ao lado dele, amada por quem tanto amei/ e santo é o meu delito", grita a heroína trágica, "pois terei de amar/ aos mortos muito, muito tempo mais que aos vivos."[29] O que Agamben estranha, enfim, é o modo como a pandemia alterou nossa aceitação coletiva da morte, da finitude e do risco implicados na liberdade. Subitamente, teria sido como se não mais aceitássemos a nossa morte, e não apenas a escondendo como há tempos tornou-se norma cultural no Ocidente, mas deixando a sua ameaça intimidar a vida e os elos desta com os outros.

Ainda que ponderando as razões de Agamben, é difícil concordar com o que ele dizia e como o fazia. O sentimento é de exagero. Mesmo porque, em várias regiões do mundo, medidas de restrição foram contestadas, por vezes até sem boa razão, ou simplesmente ignoradas. Não se suportou tão inofensivamente a "vida nua".

---

[28] G. Agamben, "Uma pergunta", in *Reflexões sobre a peste: ensaios em tempos de pandemia*, trad. Isabella Marcatti, São Paulo: Boitempo, 2020.

[29] Sófocles, op. cit.

Inclusive, houve casos exemplares de quando alguma razão relevante se impôs sobre o medo e então as pessoas abandonaram seus cuidados com a vida nua e se aglomeraram nas ruas. Foi o que ocorreu nos Estados Unidos após o assassinato de George Floyd, um cidadão negro, pela polícia, em claro episódio de racismo. Os cidadãos norte-americanos, até então recolhidos, foram às ruas, desrespeitaram o toque de recolher e se fizeram ouvir. Diante de momentos assim, a tese de Agamben, embora não perca relevância, parece exceder a pertinência diante do mundo que descreve, ao menos em seu tom globalizante. Faltam às vezes nuanças, a Agamben e a muitos filósofos na história, na aplicação de seus conceitos à realidade, de suas ideias ao mundo que aparece complexo diante de nós. Dados os devidos descontos, entretanto, a preocupação de Agamben alerta-nos para o perigo de ficarmos reféns do medo em nossa relação pandêmica com o mundo.

O filósofo português José Gil percebeu bem o problema que se colocava para nós diante da Covid-19: a ambivalência do medo. Por um lado, o medo acorda a lucidez e é benéfico; mas, por outro, "encolhe o espaço, suspende o tempo, paralisa o corpo, limitando o universo a uma bolha minúscula que nos aprisiona".[30]

---

[30] José Gil, *O medo*, São Paulo: n-1 edições, 2020.

Se paralisasse nossos corpos, o medo da pandemia significaria que, a despeito de o vírus ser contido ou eliminado, o esforço para superá-la teria sido em vão. Pois a vida pela qual vale a pena se esforçar é aquela que não se esgota em si mesma. Não é a vida nua. É vida em ação e em pensamento, em afeto e em trabalho. É vida que se expande e se inventa. É necessário coragem – pois é ela o oposto do medo, e não apenas a esperança – para sairmos deste mundo cadavérico da pandemia e sermos capazes de voltar a uma vida que não seja nua; voltar a encontrar o prazer, e não apenas a sobrevivência; voltar a ver o mar azul, e não cinza.

MEDO E CORAGEM

> "*Aqui digo: que se teme por amor;*
> *mas que, por amor, também,*
> *é que a coragem se faz.*"
>
> JOÃO GUIMARÃES ROSA

Nem seria possível começar sem ela. Está antes do começo, está no começo do começo, é propriamente o começar do começo. Coragem. Mesmo o gesto pequeno que assim se reconhece já precisa dela. Falar os primeiros sons. Romper o silêncio. Escrever as primeiras palavras. Manchar a página em branco. Lá está ela: coragem. Não é apenas uma virtude épica dos grandes heróis, mas a própria condição do existir. Como dizia João Guimarães Rosa, viver é perigoso. Podia ter completado: então exige coragem. Esta simples ação de escrever sobre a virtude da coragem já a exige por si; embora, ao fazê-lo, o primeiro sentimento que aparece talvez seja justamente seu oposto: o medo. Trivial como esta, ou eloquente, talvez só haja coragem deste modo, na vizinhança do medo que sabe do perigo e, ainda assim, vai, arrisca. Vê no que dá.

Há aberturas que se dão – na vida ou à vida, no seu perigo – que exigem entrar nelas. Não há rota de fuga, apesar do medo, até do terror. "Terror de te amar num sítio tão frágil como o mundo",[1] escreveu a poeta Sophia de Mello Breyner Andresen. O amor e o mundo pedem coragem.

Mais: para que o amor, a vida e o mundo ganhem para si as palavras que os dizem, é preciso coragem. Linguagem também é coragem. Foi ainda Gastão Cruz, outro poeta português, quem procurou não definir, mas fazer uma ode à coragem, talvez a chamando para perto de nós e deixando-a tocar discretamente o que for dito sobre ela.

Ode soneto à coragem

O silêncio coragem não consente
o amor da linguagem o silêncio
é um incêndio grande e a nossa fala
estremece de palavras abraçadas

Há um amor do que se diz do fogo
onde sempre se esgota a nossa voz

---

[1] Sophia de Mello Breyner Andresen, "[Terror de te amar...]", in *Obra poética*, Porto: Assírio & Alvim, 2015, p. 237.

> dizer palavras é lutar se a luta
> reconhece as palavras que produz
>
> se as acende nas ruas
> do sentido que o coração dos homens conseguiu
> impor-lhes em silêncio incêndio grande
>
> é a língua maior incêndio os homens
> sobre a fala esgotada coragem sobre
> o fogo maior incêndio o amor[2]

Comecemos enumerando os desafios para se tratar a coragem teoricamente. De pronto, dois deles podem ser enunciados na medida em que expõem dificuldades distintas: uma é a avareza de fontes filosóficas que tematizaram a coragem em nossa tradição, se as comparamos com as de outros assuntos; a segunda é o modo pelo qual essa virtude tornou-se decisiva precisamente em nossa época. Combinados os dois entraves, o contexto preocupa: precisamos entender agudamente no presente aquilo cujas referências no passado são raras. Não é tão estranho assim, portanto, que escrever sobre a coragem suscite, contraditoriamente, medo. Terror

---

[2] Gastão Cruz, "Ode soneto à coragem", in *Os nomes*, Lisboa: Assírio & Alvim, 1974, p. 149.

de te escrever num sítio tão frágil como o mundo. Ainda assim, sigamos adiante esmiuçando os dois desafios para tratar da coragem.

O temor de escrever sobre a coragem, por um lado, justifica-se intelectualmente: a tradição do pensamento não é pródiga em doutrinas ou teses sobre ela. Curiosamente, fala-se mais do medo. Baruch de Spinoza, na *Ética*,[3] discutiu o medo como um afeto triste. Thomas Hobbes, no *Leviatã*,[4] fez do medo o afeto central para que os seres humanos aceitassem constituir politicamente o Estado, que seria responsável, através do contrato social, por limitar as liberdades absolutas e suas violências em nome da segurança. O século XVII da época moderna investigou bastante o problema do medo, como antecipara Étienne de La Boétie ao analisar a servidão voluntária ainda no século XVI. Porém, pouco teve a nos dizer sobre a virtude da coragem. É verdade que, em sua história, a filosofia não foi muito dedicada a estudar os afetos em geral, pois se pretendia a guardiã da razão neutra, absoluta e desafetada. Contudo, no caso da coragem, há ainda menos para se encontrar que o usual – embora existam exceções.

---

[3] Baruch de Spinoza, *Ética*, trad. Tomaz Tadeu, Belo Horizonte: Autêntica, 2009.

[4] Thomas Hobbes, *Leviatã*, trad. Gabriel Lima Marques e Renan Marques Birro, Petrópolis: Vozes, 2020.

Por outro lado, e mais importante, o temor de escrever sobre a coragem está em ter que experimentá-la no desconhecido como a virtude por excelência de uma época em mutação, como é a atual. "Ser contemporâneo é, antes de tudo, uma questão de coragem: porque significa ser capaz não apenas de manter fixo o olhar no escuro da época", escreveu o filósofo italiano Giorgio Agamben, "mas também de perceber nesse escuro uma luz que, dirigida para nós, distancia-se infinitamente de nós."[5] Na sua comparação, a coragem do contemporâneo seria como enxergar – no escuro do céu que vemos quando erguemos a cabeça para o universo em expansão – a luz de galáxias que se projeta sobre nós, embora não nos alcance, pois elas se distanciam em velocidade maior que a da própria luz. Ser contemporâneo não é tanto estar a par daquilo que é recente ou deter uma privilegiada inteligência de raciocínio; é uma questão de coragem.

Mais além desses dois desafios, o da escassez de material erudito sobre a coragem e o da exigência contemporânea desta, há ainda um terceiro, mais próximo, mais imediato, mais simples – e que nos põe a caminho da própria coragem, que já é a coragem de algum modo se

---

[5] Giorgio Agamben, *O que é o contemporâneo? e outros ensaios*, trad. Vinícius Nicastro Honesko, Chapecó: Argos, 2009, p. 65.

desdobrando. Ler essas palavras agora, bem como escrevê-las antes, já é coragem. É coragem primeira. Pois está em tudo. É coragem de existir. Coragem de agir. Coragem de encontrar. Coragem de começar. Coragem de falar. Coragem de escrever. Coragem de aparecer. Coragem de viver e de conviver. Coragem de ser. Essa coragem está na origem de tudo, não porque se situe cronologicamente muito tempo atrás, e sim porque ela origina. Ela dá origem. Ela traz o princípio da natalidade. Essa coragem é um nascimento. O que há de mais virtuoso na virtude da coragem é o mais simples e próximo: ser do início, início do ser.

Importa destacar essa coragem originária, pois ela vai além de dois aspectos que a tradição acertadamente costuma relacionar à coragem. O primeiro é a coragem ter um objeto estipulado, referir-se a uma situação específica. Segundo essa definição, coragem seria a virtude daquele que, diante de uma ditadura, canta em público "afasta de mim esse cálice", sabendo bem, como depois a censura perceberia, que a palavra, foneticamente, iguala-se a "cale-se", como Chico Buarque fez no começo dos anos 1970 no Brasil. Uma coragem assim é pontual, com um contexto específico: o cantor desafia a intimidação autoritária que podava a liberdade de expressão e, ainda que com um truque, diz aquilo que afronta os poderes estabelecidos, pelo que poderia ser punido. O segundo aspecto que a tradição imprime à coragem é seu heroísmo. O modelo não poderia ser mais antigo: Aquiles, na *Ilíada*,[6] de Homero. Essa coragem encarnar-se-ia em um indivíduo especial, um sujeito fora do comum, quase como um semideus, alguém sobre-humano, capaz, por exemplo, de enfrentar sozinho em uma guerra dezenas de adversários de uma só vez.

Não há dúvida de que essa coragem se dirige a uma conjuntura particularmente difícil e cabe a poucas pessoas, que assim separam-se das outras por seu caráter incomum. No entanto, aquém dessa coragem que é uma virtude pontual e de exceção, há outra, mais finamente espalhada. É a coragem originária de existir, que acossa todas e todos nós. É aquela que a vida, no seu viver, nos pede. É a de que falou Guimarães Rosa, em *Grande sertão: veredas*, em uma passagem bastante conhecida: "o correr da vida embrulha tudo, a vida é assim: esquenta e esfria, aperta e daí afrouxa, sossega e depois desinquieta; o que ela quer da gente é coragem."[7] Essa coragem não é designada só para um momento determinado e tampouco reservada apenas a poucas pessoas. Ela é o correr da vida – com variações

---

[6] Homero, *Ilíada*, trad. Trajano Vieira, São Paulo: Ed. 34, 2020.
[7] João Guimarães Rosa, *Grande sertão: veredas*, Rio de Janeiro: Nova Aguilar, 1994, p. 448.

constantes dos seus momentos, do quente ao frio, do aperto à soltura, do sossego à inquietude – do qual todos participam. Só porque são. É coragem de todo tempo e espaço, que pode ser aguçada em um instante e em um lugar. É uma coragem originária.

Ser já é ter a coragem de aparecer no mundo e começar nele uma história singular de vida. Ser já é falar e poder conquistar ou perder, agradar ou magoar. Ser já é ser-com os outros e se expor aos outros. Ser é tornar-se alguém que nunca sabe, de antemão, quem é. Não há segurança ou fórmula fixas sobre como habitar no mundo, e isso é que faz dele um sítio tão frágil também. Mais ainda quando o mundo está em mutação, como é o caso do nosso, isto é, quando suas transformações não são meramente sociais ou históricas, mas ontológicas: é o próprio sentido de ser que não tem para nós mais um sentido. Livre e aberta ao mundo em mutação, a existência já é coragem. Nos termos da pensadora judia-alemã Hannah Arendt, "a coragem libera os homens de sua preocupação com a vida para a liberdade do mundo".[8] Coragem é liberdade para ser livre.

Isso significa que é pela coragem e graças a ela que aceitamos existir em um mundo com liberdade de agir,

---

[8] Hannah Arendt, *Entre o passado e o futuro*, trad. Mauro W. Barbosa, São Paulo: Perspectiva, 1997, p. 203.

em vez de nos contentarmos em satisfazer apenas as demandas ordinárias da vida. Já é corajoso deixar de apenas respirar, beber e comer, ou seja, de aplacar os imperativos da sobrevivência física e biológica, para se lançar em atos e palavras, na convivência plural que constitui o mundo. Isso exige coragem, pois significa passar do âmbito da necessidade para o da liberdade. Não se trata, então, de exclusivamente conservar ou manter a vida, e sim de, no mundo, experimentar a sua mutação, o que faz a história pulsar, ou melhor, as histórias pulsarem. Pois essa coragem é de todas e todos que são. Não é uma virtude de distinção de seres humanos especiais, é a virtude de ser, portanto, de ser humano, conforme observou Hannah Arendt.

>A conotação de coragem, que hoje reputamos qualidade indispensável a um herói, já está, de fato, presente na mera disposição de agir e falar, de inserir-se no mundo e começar uma história própria. E esta coragem não está necessariamente, nem principalmente, associada à disposição de arcar com as consequências; o próprio ato do homem que abandona seu esconderijo para mostrar quem é, para revelar e exibir sua individualidade, já denota coragem e até mesmo ousadia. Essa coragem original, sem a qual

a ação, o discurso e, segundo os gregos, a liberdade seriam impossíveis, não é menor – pode até ser maior – quando o "herói" é um covarde.[9]

Toda coragem, de certo modo, sobrepõe-se ao medo. Se essa virtude não é só a de poucos, mas de toda a gente, então é porque há motivos para se temer, pura e simplesmente, ser e agir no mundo, um sítio frágil onde cada um está. Contudo, o ponto é este: embora o medo seja oposto à coragem, não há coragem sem medo, justamente porque ela é a capacidade de ultrapassá-lo. Corajoso não é quem não tem medo, ou quem o ignora, pois este poderia ser um louco, um insensível ou, literalmente, um ignorante. Corajoso é quem consegue conviver com o medo sem se entregar a ele e ceder por completo à sua intimidação. Quem tem coragem é porque vê o perigo e sente medo, mas não se deixa paralisar e dominar por isso. Não é sempre algo definitivo, mas, por vezes, diário: pois existir é, também, todo dia e cada hora. A vida é na hora.

Durante a pandemia de Covid-19, entre 2020 e 2021, o medo tornou-se um afeto onipresente. Com a doença que surgiu em Wuhan, na China, e se espalhou

---

[9] H. Arendt, *A condição humana*, trad. Roberto Raposo, Rio de Janeiro: Forense Universitária, 1999, p. 199.

globalmente em algumas semanas, matando milhares de pessoas, os vivos temiam. No calor da hora, o filósofo português José Gil escreveu um breve ensaio intitulado *O medo*.[10] Diante do rápido contágio por um vírus transmitido no ar e até então desconhecido, era esperado que as pessoas sentissem medo. Entretanto, logo José Gil deu-se conta de que não era o simples medo da morte que estava em causa, embora sua realidade fosse patente. Era, como já se disse, "a angústia da morte absurda, imprevista, brutal e sem razão, violenta e injusta", isto é, daquilo que "arrebenta com o sentido e quebra o nexo do mundo".[11]

Assim, José Gil aproxima medo e angústia, ou seja, um afeto que se dirige a um objeto concreto e uma disposição existencial. Desde o século XIX, o filósofo dinamarquês Søren Kierkegaard ensinou-nos que, enquanto o medo teme alguma coisa específica dentro do mundo, a angústia se angustia com ser no mundo.[12] Durante a pandemia, sentimos as duas coisas: medo objetivo de adoecer ou mesmo morrer, mas também angústia diante de um desequilíbrio na economia

---

10 José Gil, *O medo*, São Paulo: n-1 edições, 2020.
11 Idem.
12 Søren Kierkegaard, *O conceito de angústia*, trad. Eduardo Nunes Fonseca e Torrieri Guimarães, São Paulo: Hemus, 2007.

geral – mesmo que ilusória – mais ou menos prevista da mortalidade. Daí José Gil estabelecer a angústia diante da morte "absurda" como a novidade, de modo que o problema é o sentido da vida se esvaziar e as articulações da totalidade do mundo se quebrarem.

Nessa situação, muita gente recuou ou desistiu, ainda que temporariamente, do mundo. Não faltavam boas razões, calcadas no medo e enraizadas na angústia. Vivemos um exílio do mundo. José Gil, porém, perguntou-se o que aqueles que se fecharam em suas casas poderiam ou deveriam fazer para evitar o autoisolamento como signo da defesa egoísta da família que rompe com a comunidade. Diante da pandemia, medidas restritivas e exceções a elas demonstraram o arraigamento conservador da célula familiar como centro da sociedade, seja nas regras do Estado, seja nos comportamentos particulares: boa parte das pessoas fechou-se com os seus. Entretanto, a preocupação de José Gil com a vida em comum, embora pareça política, é mais: é existencial. Ser é ser com, com os outros, é comunidade. O que a pandemia ameaçou foi o ser no mundo.

O medo responsável pelo exílio do mundo, evidentemente, é um signo de lucidez diante da pandemia, e José Gil o admite. Mas ele observa algo além disso, pois sabe que o medo "encolhe o espaço, suspende o tempo, paralisa o corpo, limitando o universo a uma bolha minúscula que nos aprisiona e nos confunde".[13] Qualquer um que tenha medo sabe bem como é: quando tememos algo, retraímo-nos. O espaço parece se fechar; e o tempo, se encurtar. Nosso corpo se acanha em si mesmo. Nina Simone, a grande cantora de jazz norte-americana que interpretou inesquecivelmente "I wish I knew how it would feel to be free", uma vez declarou que liberdade é viver sem medo.

Concluindo seu argumento, José Gil sugere que devemos opor ao medo que nos desapropria de nós mesmos outro: "o medo desse medo, o de sermos menos do que nós", ou seja, "resta-nos, se é possível escolher, contra o que nos faz tremer de apreensão e nos instala na instabilidade e no pânico, as forças da vida que nos ligam (poderosamente, mesmo sem sabermos) aos outros e ao mundo".[14] Se não há uma vida da qual o medo esteja completamente ausente e se ele traz alguma lucidez necessária, deve-se escapar ao seu domínio, que encolhe a vida. Esse escape se daria através de uma oposição que dobraria o próprio medo contra si. Trata-se de opor, ao medo, o medo do medo; o que talvez seja uma fórmula para a coragem que só existe na convivência com o medo, mas que nem por isso cede o mundo a ele.

---
[13] J. Gil, op. cit.
[14] Idem.

***

Ter medo do medo seria, portanto, uma forma de falar da coragem que não o ignora, mas consegue tomar alguma distância dele. Essa coragem não se confunde com o heroísmo caricato do destemor grandioso (talvez sempre temerário). Ela se afasta das imagens que costumamos projetar do corajoso como uma espécie de super-herói ou um semideus. É uma coragem humana, demasiado humana, como diria Friedrich Nietzsche. Aliás, isso dá oportunidade para que se esclareça, no tratamento da coragem, um problema que é, de uma só vez, conceitual, histórico e etimológico, a partir do qual caberia também pensar sobre a conotação boa ou ruim que a coragem tem para nós.

O que chamamos de coragem origina-se da palavra grega ἀνδρεία, transliterada em geral como "andreia". Na Antiguidade, era um sinônimo de virilidade e, como virtude, atrelava-se ao masculino. Assim, em termos de gênero, a coragem viu-se historicamente associada ao homem, o que, como consequência para nossa cultura, a aproximou do que tantas vezes caracterizou o falocentrismo: dominação e imposição, sem hesitação ou consideração. Por isso, a coragem – embora nos passe uma boa primeira impressão como uma virtude a ser almejada – tem outro lado, pelo qual é identificada, não raro, à agressividade e ao poder. Sem nuançar o que é a coragem, sua virtude facilmente é reclamada pela brutalidade insensível, orgulhosa de passar por cima de tudo e todos, de jamais se deter perante nada, de destruir o que for preciso.

Em contraposição, rememore-se que, na etimologia da língua latina, quando ἀνδρεία vira "coragem", ganha a partícula "cor", de onde vem "coração". Para a língua latina, coragem é ação iniciada no coração, com o coração, pelo coração. Guimarães Rosa captou isso ao escrever "que: coragem – é o que o coração bate; se não, bate falso".[15] Isso é decisivo para separá-la da mera brutalidade ou da força óbvia. Há coragem na fragilidade. Há coragem na vulnerabilidade. Sem essa premissa, ela pode se tornar grosseria e ódio, a sanha de eliminação do que é diferente ou alheio. Pode se tornar a virilidade bélica que o machismo consagrou por séculos.

Nesse contexto, vale contar um breve caso. Quando foi preso em 1968 pela ditadura civil-militar no governo do Brasil, Caetano Veloso não soube por que fora acusado. O fato é comum em regimes autoritários e arbitrários: cidadãos são encarcerados e nem mesmo

---

[15] J. G. Rosa, op. cit., p. 652.

têm acesso aos autos do processo que justificariam sua detenção. Muitas décadas depois, em 2020, quando foi feito um documentário sobre esse momento da sua vida, *Narciso em férias*, dirigido por Renato Terra e Ricardo Calil, Caetano finalmente conheceu os documentos daquela época que explicariam sua prisão. Lá estava a acusação de que ele seria subversivo e desvirilizante. Caetano não titubeia e afirma para a câmera que, se foi assim, então ao menos isso a ditadura entendeu, pois ele é subversivo e desvirilizante. Sagazmente, o artista – que teve a coragem de desafiar, seja por sua conduta, seja por suas canções, o autoritarismo conservador do regime inaugurado com o Golpe de 1964 – desarmava a naturalização da virilidade como uma virtude boa.

Coragem é admitir a fragilidade arriscada que é estar no mundo. Pois há coragem em admitir-se perdido. Sem essa coragem, que aceita se perder, nada de novo pode ser experimentado. Há quem considere que coragem é o que precisamos para nos achar, e talvez exista algo assim. Mas também há uma coragem de que precisamos para nos perder. Para não saber. Para experimentar. Para entrar. Há uma coragem de que se precisa para aceitar o medo do novo. Pois, como diz a epígrafe supracitada, de Guimarães Rosa, "se teme por amor; mas, por amor, também, é que a coragem se faz".[16] O amor é a coragem de entrar em um novo mundo, e por isso ele nos ensina algo sobre as mutações. Não se trata somente de conservar medrosamente a vida, mas de habitar com liberdade o mundo a partir daquela vida que se abre a cada instante do existir, a cada instante do ser.

* * *

No começo do romance *A paixão segundo G.H.*, de Clarice Lispector, escrito nos anos 1960, a protagonista defronta-se com o desafio imposto pela relação entre coragem e medo: segundo a metáfora de que se vale a autora, as três pernas de G.H. faziam dela um tripé estável, até que perdeu a terceira; se, por um lado, ela não tinha mais estabilidade, por outro, poderia finalmente se movimentar. Três pernas dão segurança e imobilizam. Fica se parado. Duas pernas bambeiam e andam. Caminha-se. Ela está procurando, está tentando entender. Ou seja, não achou nem compreendeu ainda. Isso lhe traz medo e covardia diante da desorganização radical que a leva a achar que, agora, o mundo deveria se transformar para ela caber nele. E, para G.H., coragem é, diante do medo

---

[16] Idem.

do novo, achar um meio de entrada – e não de saída. Ela se pergunta: por que não tenho coragem de apenas achar um meio de entrada?

Clarice enlaça, em sua narrativa, a coragem ao medo. "Nesta minha nova covardia – a covardia é o que de mais novo já me aconteceu, é a minha maior aventura, essa minha covardia é um campo tão amplo que só a grande coragem me leva a aceitá-la", diz a narradora do romance. E completa: "na minha nova covardia, que é como acordar de manhã na casa de um estrangeiro, não sei se terei coragem de simplesmente ir", pois "é difícil perder-se".[17] Quem diria que a covardia poderia ser uma aventura? É que essa covardia, nova, vem da percepção, anteriormente ausente, de um campo amplo. Essa amplitude – da vida, do mundo e do amor – assusta. Antes o campo era reduzido, já conhecido. Por isso, é preciso muita coragem para aceitar essa covardia, que é como despertar em um lugar nada familiar, a casa de um estrangeiro. Nada é seguro ou já achado. É novo. Dá medo. Pede coragem.

Pede, na verdade, a "grande coragem". Isso significa que haveria também outro tipo de coragem: a pequena. A grande coragem diz respeito a simplesmente ir.

---

[17] Clarice Lispector, *A paixão segundo G.H.*, Rio de Janeiro: Editora do Autor, 1964, p. 10.

O "simplesmente" aqui não é um sinônimo de "meramente", e sim de "exclusivamente", quer dizer, ir sem ter um objetivo ou uma meta completamente pré-definidos. Essa coragem é a de ir sem saber para onde, de entrar em um novo mundo. É a coragem – difícil – de se perder e que pode assumir a proximidade da covardia. Já a pequena coragem é aquela que elimina a covardia e não a tolera, para a qual não há aventura possível e tudo se faz no destemor de uma linha reta – a grande coragem, surpreendentemente, pode ser sinuosa, embora não claudicante. Essa pequena coragem não se permite afetar por nada que possa perdê-la. Por nada de novo. Ela é o destemor cego e certo de si. Só na grande coragem é preciso se sobrepor ao medo, porque ela o admite. O medo de ser. "Como é que se explica que meu maior medo seja exatamente em relação: a ser? E, no entanto, não há outro caminho. Como se explica que o meu maior medo seja exatamente o de ir vivendo o que for sendo?"[18]

Do mesmo modo que há a grande coragem, há o maior medo. O maior medo não é de nada em particular, mas em relação: a ser. O que dá medo é essa abertura livre de ser. Por isso, medo e coragem têm uma curiosa proximidade, ou, nos termos de Clarice,

---

[18] Ibid., p. 11.

têm-na o maior medo e a grande coragem. Pois ambos versam sobre a mesma coisa que não é coisa alguma: ser. O que dá medo e exige coragem é ser, é se abandonar ao movimento do ser, deixar-se tomar pelo ser, e não somente controlá-lo. Ir vendo o que for sendo. Por isso, a grande coragem pode brotar do maior medo, do qual não é apenas o oposto, mas o resultado. Como dizia Guimarães Rosa sobre o amor, é verdade que por ele se teme, mas também é por ele que a coragem se faz.

Coragem e medo são menos opostos do que um o avesso do outro. É como se a nova covardia de que fala Clarice Lispector despertasse, portanto, os recursos para uma grandeza da grande coragem, ou seja, para o que há de virtuoso mesmo na coragem. "É que inesperadamente eu sentira que tinha recursos, nunca antes havia usado meus recursos – e agora toda uma potência latente enfim me latejava, e uma grandeza me tomava", escreveu Clarice, "a da coragem, como se o medo mesmo fosse o que me tivesse enfim investido da minha coragem."[19] Nesse sentido, a coragem não é necessariamente um atributo substantivo ou inato de um indivíduo, uma vez que ela se origina de recursos que se sente ter inesperadamente: antes não se

---

[19] Ibid., p. 52.

os tinha, somente na hora eles aparecem. Mais ainda: a coragem não é produzida voluntariamente, ela me toma. Não sou eu o intencional inventor da minha coragem, mas aquele que é por ela atravessado.

* * *

Parecem existir, assim, ao menos duas acepções de coragem: uma é mais negativa, pois a define pela negação de seu oposto, que é o medo, ou seja, coragem é vencer o medo; outra é mais positiva, pois a define pela afirmação do efeito gerado por ela própria, ou seja, coragem é mudar de vida. Essas duas acepções, embora não sejam idênticas, juntam-se quando se pensa que, para mudar de vida, é preciso vencer o medo, ou que, ao vencer o medo, já se muda de vida. Por isso, a coragem é uma virtude, ou talvez até a virtude que acompanha, implicitamente, toda e qualquer outra – caso não seja a tola virilidade, e sim a ação que vem do coração. Clarice Lispector, no romance *A paixão segundo G.H.*, permite-nos entender que a coragem se sobrepõe ao medo, e muito literalmente: coragem não é não medo, é o que se põe sobre o medo.

O medo sobre o qual a coragem se põe é, enfim, o da mudança, o do movimento, de ir vendo o que for sendo, do caminhando. Mutação. Em sua primeira música tropicalista de sucesso, "Alegria, alegria", de 1967, Caetano Veloso também cantou um "caminhando". Se Clarice falava de "ir vivendo o que for sendo", Caetano anunciou: "quero seguir vivendo" e "eu vou". Como tantas vezes, no verso do compositor o mais importante é precisamente o que não está lá: para onde eu vou. Caetano fala só de ir. Isso é coragem. É a grande coragem, aquela de que fala Clarice. Ou, como canta ele em "Nu com a minha música", "coragem grande é poder dizer 'sim'". Dizer "sim" é afirmação positiva, pela coragem, do amor e do mundo – do amor ao mundo. É a virtude por excelência de que precisamos na mutação contemporânea: não para ultrapassá-la, mas para experimentá-la.

Sobre esse aspecto, vale citar um poema de Rainer Maria Rilke, e me dou a liberdade de alterar seu último verso para enfatizar um dos mais belos modos de se entender, imperativamente, a coragem. E o faço a partir da tradução de Manuel Bandeira, que, por sua vez, já havia conferido seu toque todo peculiar ao último verso.[20]

Não sabemos como era a cabeça, que falta,
de pupilas amadurecidas. Porém

---

20 O verso final, em alemão, é: *"Du mußt dein Leben ändern."* Na tradução de Manuel Bandeira, ficou: *"Força é mudares de vida."* (N.A.)

o torso arde ainda como um candelabro e tem,
só que meio apagada, a luz do olhar, que salta

e brilha. Se não fosse assim, a curva rara
do peito não deslumbraria, nem achar
caminho poderia um sorriso e baixar
da anca suave ao centro onde o sexo se alteara.

Não fosse assim, seria essa estátua uma mera
pedra, um desfigurado mármore, e nem já
resplandecera mais como pele de fera.

Seus limites não transporia desmedida
como uma estrela; pois ali ponto não há
que não te mire. Coragem é mudares de vida.[21]

---

[21] Rainer Maria Rilke, "O torso arcaico de Apolo", in Manuel Bandeira, *Estrela da vida inteira: poesias reunidas e poemas traduzidos*, Rio de Janeiro: José Olympio, 1987, p. 359-360.

POLÍTICA E COMUNIDADE

Como viver junto? Essa pergunta, cuja graça está em sua simplicidade, foi formulada na década de 1970 pelo ensaísta francês Roland Barthes[1] e, em 2006, intitulou a 27ª Bienal de Arte de São Paulo, sob curadoria de Lisette Lagnado.[2] Nenhum de nós consegue ignorar o desafio lançado por ela, pelo simples fato de haver um *nós*. Trata-se de um entrave, pois Barthes antepõe ao fato de "viver junto" uma palavra que traz consigo uma interrogação: como? De que modo? Ou seja, viver junto é inevitável – mas como?

---

[1] Roland Barthes, *Como viver junto*, trad. Leyla Perrone-Moisés, São Paulo: Martins Fontes, 2013.
[2] Lisette Lagnado (org.), *Como viver junto – Catálogo da 27ª Bienal de SP*, São Paulo: Cosac Naify, 2002.

A pergunta é oriunda não somente da teoria política ou do tradicional exame das formas de governo, quando, nesse caso, interrogaria como viver junto na monarquia ou na tirania, na aristocracia ou na oligarquia, na república ou na democracia. Ela tem origem, fundamentalmente, na própria constituição ontológica deste ente que nós mesmos somos: o "ser-com",[3] de acordo com os ensinamentos da filosofia de Martin Heidegger. Por isso, para Hannah Arendt, sua ex-aluna, a política envolve a análise das formas de governo – com o elogio da república –, mas também, e sobretudo, a "condição humana".

O desafio advindo de "ser com os outros", que é viver junto, consiste em criar as condições de igualdade pelas quais as pessoas exprimiriam suas diferenças em atos e palavras. Tais condições precisam ser construídas porque a natureza e a sociedade nos diferenciam não politicamente, isto é, não através dos nossos atos e palavras, mas sim pela força física, pela cor da pele, pelo sobrenome familiar ou pelo rendimento financeiro. Instituir o espaço político é uma decisão em nome da justiça. "Não nascemos iguais; tornamo-nos iguais", escreveu Hannah Arendt, "como membros de

---

[3] Martin Heidegger, *Ser e tempo (parte I)*, trad. Marcia Sá Cavalcante Schuback, Petrópolis: Vozes, 1998, p. 170.

um grupo por força da nossa decisão de nos garantirmos direitos reciprocamente iguais."[4]

Essa igualdade, entretanto, é o que permite que as diferenças políticas existam. Por isso, a isonomia é uma condição da política, mas a política é exercida quando nos distinguimos por atos e palavras. Ao agir e falar, ninguém é exclusivamente condicionado, embora seja influenciado por sua força física, cor da pele, família, classe ou dinheiro. Isso é o que confere liberdade a nossas ações e palavras, ou seríamos previsíveis autômatos que se comportam de acordo com determinações naturais e sociais.

Por isso, juízos como "esquerda caviar" e "pobre que vota em direita", reiterados no Brasil recente, são avessos à liberdade política de quem eles desejam designar, como se a condição econômica devesse determinar um discurso político: ricos de esquerda cairiam em contradição, e pobres de direita, idem. Uns seriam cínicos; outros, ingênuos. Se as expressões fossem meramente descritivas, nenhum problema, mas elas são acusativas: pretendem denunciar certa incoerência da pessoa com suas ações. Os acusadores, na verdade, é que não suportam lidar com a pluralidade

---

[4] Hannah Arendt, *Origens do totalitarismo*, trad. Roberto Raposo, São Paulo: Companhia das Letras, 1989, p. 335.

livre e independente das opiniões políticas, que frustram suas expectativas ideológicas.

Por isso também as lutas das minorias são simultaneamente pré-políticas e fundamentais para a política. Elas seriam pré-políticas porque marcariam o debate diante de diferenças que, em tese, separam seus integrantes de outros cidadãos não pelo que falam, e sim pelo que supostamente são, como as diferenças de raça ou gênero. Nisso, desrespeitariam uma isonomia segundo a qual as identidades prévias à nossa manifestação em atos e palavras deveriam ser suspensas no exercício político. Procurariam marcar um lugar pré-político que dá autoridade à fala política, quando esta deveria ser livre frente àquele.

Contudo, o problema é que a isonomia não é um fato dado, ela precisa ser fundada. O machismo e o racismo, por exemplo, dificultam a igualdade de que mulheres e negros deveriam dispor para manifestarem seus atos e palavras – independentemente de serem mulheres e negros. Falta aí a condição da política para que a política se exerça. Por isso, as lutas das minorias são fundamentais para a política: contribuem para fundar a igualdade ainda ausente pela qual a liberdade pode aparecer. O sentido de tais movimentos não se decide assim nas nuvens; por isso, para compreendê-los, o pensamento precisa de solo histórico concreto. Isso a própria Hannah Arendt observou. Diz ela:

> Se um negro numa comunidade branca é considerado nada mais do que um negro, perde, juntamente com o seu direito à igualdade, aquela liberdade de ação especificamente humana: todas as suas ações são agora explicadas como consequências "necessárias" de certas qualidades do "negro"; ele passa a ser determinado exemplar de uma espécie animal, chamada homem.[5]

Igualdade e diferença seriam, assim, o par essencial da vida política. Isso significa que é preciso acrescentar à fórmula de Barthes outra coordenada: como viver junto *e separado*? Ou seja: em companhia e sozinho. Uma forma de viver junto poderia ser impor a homogeneidade a quem vive conosco, eliminar diferenças, exigindo, por exemplo, que minorias se adequem à maioria (clamor amparado na falácia de que, em algum momento, o oposto ocorreu, ou seja, que a maioria teve que se adequar às minorias; na verdade, ela só precisou tolerá-las: viver junto). O desafio político é como viver simultaneamente junto e separado, perto

---

[5] Idem.

e distante. O isolamento de uns dos outros na tirania é politicamente tão perigoso quanto a compressão de uns com outros no totalitarismo. Nenhum é capaz de sustentar a pluralidade, que se distingue da coletividade homogênea: a tirania isola diferenças pela distância, o totalitarismo as abole pela união. Como contraponto a ambos, Hannah Arendt destacava a liberdade da pluralidade da República. Nela, o que se partilha na política é a própria política, e não alguma coisa, como raça e etnia. O que se partilha é o viver junto no qual cada um pode ser só – e só ser.

* * *

Embora a pergunta sobre como viver junto possa ser admitida genericamente na política, é possível também situá-la a partir do caso concreto da pandemia de Covid-19. Depois de tudo que passamos, como viver junto? Mas o que é esse "tudo"? Claro que, em primeiro lugar, passamos por adoecimentos, mortes, luto, angústia, sofrimento. Os anos de 2020 e 2021 foram estranhos parênteses em nossas vidas, um intervalo ainda hoje intrigante na memória. Em segundo lugar, porém, a pandemia foi um teste particularmente radical para nossa capacidade de viver junto. Raras vezes ficou tão clara a incontornável dimensão coletiva da liberdade e quanto ela, referida exclusivamente aos indivíduos, esvazia-os da dimensão propriamente política. Como se sabe, a principal medida de prevenção contra o contágio pelo Coronavírus foi, por muito tempo, o isolamento social. Cada um devia ficar em sua própria residência. Sem contato, sem contágio. Pelo menos até se descobrir uma vacina. Isso protegia toda a população, mas evidentemente a um custo: ela precisava abdicar do prazer e da alegria de estar na rua ou com os outros. Nem todos, entretanto, queriam ou concordavam com isso. Estava posto o dilema típico de como viver junto, mas com uma intensidade incomum, uma dramaticidade única.

Por um lado, mesmo que a maioria das pessoas aprovasse as medidas de isolamento social impostas pelos governos, seu direito de universalizá-las, ou seja, de impô-las a outras pessoas, não derivaria automaticamente disso, uma vez que a vontade de uma maioria não deve necessariamente se sobrepor aos desejos das minorias. Por outro lado, não haveria como as pessoas se protegerem se não contassem umas com as outras, pois o contágio é um problema essencialmente social, ou, se quisermos, do "ser-com", explicitando uma dependência mútua entre os seres humanos. Por essa razão, a pandemia é um problema de saúde *pública*, e não meramente privada, quer dizer, é um problema social, e não só individual. O reconhecimento popular da importância do Sistema Único de Saúde (SUS), serviço público do Brasil, foi um fato revelador dessa consciência política.

Mesmo assim, o impasse não era simples: até que ponto seria legítimo, por exemplo, exigir que as pessoas, contra suas vontades individuais, permanecessem em casa? Claro que se poderia dizer que o isolamento era em nome da saúde e mesmo da vida, mas esse compromisso não é uma obrigação de todos. Em geral, cada um faz seu próprio balanço entre segurança e risco ou entre cuidado e prazer. O problema é que, com a pandemia, o impacto potencial das decisões individuais sobre as outras pessoas se tornou muito maior do que o normal, trazendo à tona tanto um problema ético de escolha pessoal quanto um problema propriamente político de responsabilidade na liberdade.

Nesse contexto, foi fundamental o uso de máscara para evitar a contaminação pelo ar. No início, quando havia pouca informação sobre a forma de contágio, a compreensão era esta: se eu usasse máscara, sua proteção serviria menos a mim do que aos outros, mas, se os outros a usassem, eles estariam me protegendo. Tecnicamente, a máscara é mais eficaz para impedir a liberação de ar contaminado do que para evitar sua inalação. Nesse sentido, ela não foi somente um importante instrumento de prevenção contra a

Covid-19, mas um símbolo da interdependência dos seres humanos pelo cuidado, ou seja, da necessidade de cooperação para viver junto.

No entanto, assim como nas opções partidárias e ideológicas recentes no Brasil, a polarização durante a pandemia foi drástica: os mais rigorosos com os cuidados defendiam quarentenas longas e rígidas; já os mais permissivos incentivavam a flexibilidade para que cada pessoa seguisse suas prioridades de vida. Nada errado com isso, é parte da pluralidade política. O problema é que, como tudo mais, a diferença foi elevada à rivalidade, e a fratura depois não foi pequena. Não raro, os primeiros acusavam os segundos de egoístas sem sensibilidade para a vida, enquanto os segundos chamavam os primeiros de autoritários sem consideração pela liberdade. Se aqueles acentuavam o desafio de viver junto, estes apontavam o desafio de viver separado. O impasse, de natureza política, era na verdade sobre como viver, simultaneamente, junto e separado. Na pandemia, ele tornou-se incontornável.

No caso do Brasil, por causa da omissão que marcou a gestão do governo federal, a população ficou mais exposta do que a de outros países ao dilema de viver junto e separado na pandemia. Sem diretriz clara e ações efetivas que dessem sentido coletivo ao enfrentamento do problema, a sociedade brasileira foi lançada diretamente a dilemas éticos sempre com sobrepeso individual. Por sorte, contudo, o funcionamento institucional da nossa democracia mostrou-se supreendentemente eficiente: os Poderes além do Executivo – a saber, o Legislativo e o Judiciário –, assim como o pacto federativo pela ação dos estados, contrabalançaram a postura da Presidência. Era a forma da República que mostrava sua relevância – não por ser perfeita, mas por relativizar os poderes.

* * *

Para Hannah Arendt, poucas vezes na história uma situação aproximara-se tanto da partilha plural da política quanto na República fundada pelos Estados Unidos no século XVIII. Isso não a impediu de criticar a condução da política norte-americana em sua época, como na ocasião da frustrada invasão de Cuba, apoiada pela CIA no incidente da Baía dos Porcos, em 1961. Arendt acusara os Estados Unidos de não entenderem a revolução no país vizinho, na qual pessoas pobres em um país corrompido foram – pela primeira vez – convidadas a discutir a sua condição política. Mesmo assim, julgava que "a República americana é o melhor exemplo" histórico dotado de "grande potencial de estabilidade futura inerente aos novos corpos políticos".⁶ O país que a acolhera na condição de judia alemã, exilada porque o nazismo se expandia, também fora adotado por ela: na biografia, naturalizou-se norte-americana; no pensamento, tomou os Estados Unidos como exemplo de origem política.

Embora rodeada por irrupções de revoluções em sua própria época, Hannah Arendt destacava a estabilidade da República estadunidense. É evidente que mesmo essa estabilidade derivara de uma revolução, mas uma revolução de natureza curiosa, distinta daquelas típicas da Era Moderna. Pois, antes da Guerra de Independência – que definiu cronologicamente a data de fundação dos Estados Unidos da América –, já havia uma prática altamente republicana na qual, através das leis, os distritos se reuniam em assembleias deliberativas acerca de assuntos públicos.⁷ Segundo o presidente John Adams, assim se formaram os sentimentos do povo. Ou seja, se a revolução norte-americana foi em parte ruptura, também em parte foi continuidade com sua história.

Contudo, meio século se passou desde que Hannah Arendt depositou suas esperanças futuras na estabilidade da República dos Estados Unidos. Será que hoje

---

6   H. Arendt, *Liberdade para ser livre*, trad. Pedro Duarte et al., Rio de Janeiro: Bazar do Tempo, 2018, p. 19.
7   Ibid., p. 28.

ela ainda faria o mesmo? Possivelmente não. No mínimo, alguns alertas já teriam soado para ela – que foi tão atenta a como, nos anos 1930, os movimentos totalitários gestaram-se, na democracia alemã, até a chegada do totalitarismo ao poder.[8] Os alertas soam hoje para os teóricos políticos Steven Levitsky e Daniel Ziblatt, que têm se perguntado – e eles nunca pensaram que o fariam – se a República americana está em perigo, ou seja, *Como as democracias morrem*,[9] como diz o título de seu famoso livro.

Talvez a tese central dessa obra seja a de que democracias podem morrer de várias formas. Há mortes dramáticas infligidas por inimigos evidentes, "mãos de homens armados", como ocorreu no Brasil em 1964, com um golpe militar. Mas há também as mortes que vêm com líderes eleitos "que subvertem o próprio processo que os levou ao poder", às vezes rapidamente, como Hitler, e outras vezes lentamente, como teria sido o caso de Hugo Chávez na Venezuela.[10] Em suma, a ameaça à democracia – à vida política – em nossa época pode assumir formas diferentes daquelas de épocas passadas.

---

[8] H. Arendt, *Origens do totalitarismo*, 1989, p. 390-438.
[9] Steven Levitsky e Daniel Ziblatt, *Como as democracias morrem*, trad. Renato Aguiar, Rio de Janeiro: Zahar, 2018, p. 13.
[10] Ibid., p. 15.

> Com um golpe de Estado clássico, como no Chile de Pinochet, a morte da democracia é imediata e evidente para todos. O palácio presidencial arde em chamas. O presidente é morto, aprisionado ou exilado. A Constituição é suspensa ou abandonada. Na via eleitoral, nenhuma dessas coisas acontece. Não há tanques nas ruas. Constituições e outras instituições nominalmente democráticas restam vigentes. As pessoas ainda votam. Autocratas eleitos mantêm um verniz de democracia ao mesmo tempo que corroem a sua substância. Muitos esforços do governo para subverter a democracia são "legais", no sentido de que são aprovados pelo Legislativo ou aceitos pelos tribunais. Eles podem até mesmo ser retratados como esforços para *aperfeiçoar* a democracia – tornar o Judiciário mais eficiente, combater a corrupção ou limpar o processo eleitoral.[11]

Levitsky e Ziblatt escreveram essas palavras preocupados com a instabilidade da democracia norte-americana desde a eleição de Donald Trump em 2016 e com sua conduta no governo até 2018. Eles sabiam que

---

[11] Ibid., p. 17.

a tradição republicana, com mais de dois séculos nos Estados Unidos, conferia ao país sua proteção ou segurança quanto a ataques antidemocráticos. Mesmo assim, estavam muito desconfiados. Compartilham com Hannah Arendt o apreço por aquela república, mas não confiam nas suas instituições como há cinquenta anos ela ainda fazia. E o que dizer, então, da situação do Brasil, onde a fragilidade histórica da democracia é fato político evidente, e os períodos democráticos alternam-se com os autoritários? O ex-presidente José Sarney já comentou:

> [...] quando temos crises, cai o governo. Dizem que a Constituição assegurou trinta anos de normalidade. Assegurou como? Dois impeachments de presidente! Isso é crise. A instabilidade foi uma marca, e os problemas políticos resultaram em duas coisas gravíssimas: judicializamos a política e politizamos a Justiça. Todo problema se leva à Justiça. Quem tem de resolver são os partidos, mas não existem partidos. Hoje eles não funcionam.[12]

---

12 Lydia Medeiros, "Quando líderes são formados do dia para a noite, temos o impeachment", *O Globo*, 5 out. 2018. Disponível em: https://epoca.globo.com/quando-lideres-sao-formado-do-dia-para-noite-temos-impeachment-23128508. Acesso em: 22 nov. 2024.

Portanto, o contexto em que se situa agora a relação do Brasil com o pensamento de Hannah Arendt é muito diferente daquele descrito nas memórias de Celso Lafer[13] ou Eduardo Jardim,[14] seus introdutores no país. Naquela época, a criatividade política chamava a atenção, pois a ditadura no governo entrara em declínio. Houve a revogação do AI-5, a anistia e as eleições. Os anos 1980 davam entusiasmo à leitura da pensadora. Hoje nós a lemos com preocupação, uma vez que o processo de redemocratização, como descreveu José Sarney, está longe de ter alcançado a estabilidade republicana da pluralidade entre partidos e de ter exercitado de modo consistente outras formas de organização política, como os conselhos ou a autogestão. Ao contrário, o Brasil ainda convive com tentativas de golpe que envolvem até mesmo os militares.

* * *

Quando Hannah Arendt buscou compreender a passagem do mundo não totalitário para o totalitário,

---

[13] Celso Lafer, "Reflexões de um antigo aluno de Hannah Arendt sobre o conteúdo, a recepção e o legado de sua obra, no 25º aniversário de sua morte", in *Hannah Arendt: pensamento, persuasão e poder*, São Paulo: Paz e Terra, 2018, p. 23-50.
[14] Eduardo Jardim, "Hannah Arendt e nós", *serrote*, nº 29, jul. 2018.

ainda na primeira metade do século XX na Europa, um dos traços mais característicos era exatamente o modo pelo qual as massas – e não mais as classes, como no século XIX – tinham perdido a identificação com os partidos. O cenário da eleição no Brasil, em 2018, teve a ver com esse fenômeno. O partido do presidente então eleito, Jair Bolsonaro, não tinha relevância, mas sua figura populista sim. Nem foi por acaso que o repúdio ao partido antes no poder por mais de dez anos, o PT, se alastrou para todos os outros partidos, embora em menor medida. Massas que nunca se envolviam intensamente na atividade política mobilizaram-se em outra direção.

A maioria dos seus membros nunca havia participado da política. Isto permitiu a introdução de métodos novos de propaganda política e a indiferença aos argumentos da oposição: os movimentos, até então colocados fora do sistema de partidos e rejeitados por ele, moldaram um grupo que nunca havia sido atingido por partidos tradicionais. Sem necessidade e capacidade de refutar argumentos contrários, preferiram métodos que levavam à morte em vez da persuasão, que traziam terror em lugar de convicção. As discórdias ideológicas com outros partidos ser-lhes-iam desvantajosas se eles competissem sinceramente com esses partidos; não o eram, porém, porquanto lidavam com pessoas que tinham motivos para hostilizar igualmente a todos os partidos.[15]

Nessa análise de Hannah Arendt, impressiona a similaridade de uma situação de quase cem anos atrás na Europa com a nossa atual. Pessoas que mal participavam da política estão subitamente tomadas por ela. Não se organizam ou confiam nos partidos tradicionais. Empregam e aceitam métodos novos de propaganda, como os grupos massificados de WhatsApp, aparentemente cruciais nas eleições do Brasil em 2018, como foi o Facebook nas eleições norte-americanas em 2016. Os argumentos críticos são ignorados e as posições parecem se tornar imunes a tudo, o que o ensaísta Francisco Bosco chamou de "lógica psicossocial hiper-consistente".[16] Isso se fortalece porque as discórdias com os outros partidos estão, já de saída, desacreditadas. O processo se conclui, pois "membros fanatizados são inatingíveis pela experiência e pelo argumento",[17] observava Hannah

---

[15] H. Arendt, op. cit., p. 362.
[16] Termo empregado por Francisco Bosco em suas publicações no Facebook.
[17] H. Arendt, op. cit., p. 358.

Arendt. De certo modo, já estava aí, nesse diagnóstico de 1951, o germe do que depois, no início dos anos 1960, ela chamaria de "banalidade do mal".[18]

No cerne desse conceito, que Arendt apresenta ao relatar o julgamento de Adolf Eichmann – funcionário nazista com papel decisivo no genocídio judeu – em Jerusalém, estava a ausência de pensamento. A irreflexão das massas teria sido crucial para o totalitarismo. Hoje, contudo, a banalidade não é a ausência do pensamento, mas o ataque a ele. Não se trata mais de uma prática involuntária; ela se tornou propositiva e orgulhosa de si. Diversos novos governos não apenas contam com a banalização, mas a propagandeiam como se fosse meritória. Nisso, a ameaça atual não se dirige apenas à vida ativa da política, mas também à vida do espírito da filosofia. Contudo, não se trata de achar uma repetição do totalitarismo, e sim de compreender as novas formas que seus impasses assumiram em nosso tempo.

Não espanta que ainda estejamos às voltas com impasses parecidos com aqueles que os totalitarismos do século XX trouxeram à tona, já que "as soluções

---

[18] H. Arendt, *Eichamnn em Jerusalém: um relato sobre a banalidade do mal*, trad. José Rubens Siqueira, São Paulo: Companhia das Letras, 1999, p. 310-311.

totalitárias podem muito bem sobreviver à queda dos regimes totalitários sob a forma de forte tentação que surgirá sempre que pareça impossível aliviar a miséria política, social ou econômica de um modo digno do homem",[19] escreveu Hannah Arendt ao concluir suas pesquisas sobre as origens do totalitarismo em 1951. Está aí o perigo. O movimento totalitário explicitou que um povo pode viver sob a democracia sem prezá-la, não porque é contra ela, e sim por indiferença, apatia ou banalidade.

No fundamento sem fundo da experiência democrática, que é ceifada pelo totalitarismo, está um elemento que outro fenômeno – não o totalitarismo, mas a pandemia – evidenciou como possivelmente corrompido dentro da própria democracia. É este ser--com. Quem melhor o percebeu, já durante a própria pandemia, foi o filósofo francês Jean-Luc Nancy. Sua descrição sobre o desafio que a pandemia significou é uma espécie de suma sobre como teríamos que estar separados e juntos.

> O vírus nos comuniza. Ele nos coloca em pé de igualdade (para dizê-lo rapidamente) e nos junta na necessidade de enfrentar o conjunto.

---

[19] H. Arendt, *Origens do totalitarismo*, 1989, p. 511.

Que isso deva passar pelo isolamento de cada um é apenas uma maneira paradoxal de fazer com que experimentemos nossa comunidade. Não podemos ser únicos senão entre todos. É o que faz nossa mais íntima comunidade: o sentido compartilhado de nossas unicidades.[20]

---

[20] Jean-Luc Nancy, "Comunovírus", *Blog da Bazar do Tempo*, [s. d.]. Disponível em: https://bazardotempo.com.br/comunovirus--de-jean-luc-nancy/. Acesso em: 22 nov. 2024.

BRASIL E ARTE

A formação do Brasil, assunto cravado nas reflexões do século XX sobre o país, esteve constantemente em pauta no campo da arte. O crítico Roberto Schwarz fez questão de lembrar, ao comemorar seu mestre Antonio Candido, que "o lugar da *Formação da literatura brasileira*[1] na estante é ao lado das obras clássicas de Gilberto Freyre, Sérgio Buarque de Holanda e Caio Prado Jr.".[2] Desse modo, ele apontava que, embora, no título, "literatura" apareça como substantivo e "brasileira" como adjetivo, na verdade o substantivo "Brasil" também estava em jogo: arte e país eram

---

1 Antonio Candido, *Formação da literatura brasileira*, São Paulo: Todavia, 2023.
2 Roberto Schwarz, *Sequências brasileiras*, São Paulo: Companhia das Letras, 1999, p. 12.

pensados juntos; e isso permitiria colocar a *Formação da literatura brasileira* em companhia não só da crítica literária, mas das grandes obras de interpretação do Brasil: *Casa-grande & senzala*,[3] *Raízes do Brasil*,[4] *Formação do Brasil contemporâneo*.[5] No pensamento sobre a forma da arte, cifrava-se a formação do Brasil, e vice-versa, colocando em questão o destino do país.

É nesse amplo contexto que também se pode analisar a contribuição tanto da arte quanto dos ensaios teóricos de Nuno Ramos, situada agora no século XXI. Embora ele não se disponha a enfrentar sistematicamente a tradição da formação do Brasil, é a ela que faz referência quando dá o seu diagnóstico sobre o país. "Não saberia desenvolver a longa história desta palavra, 'formação', na cultura brasileira (Joaquim Nabuco, Antonio Candido, Celso Furtado) – quero apenas declarar", avisa devidamente ele, "que os acontecimentos recentes parecem encerrar o ciclo de esperanças que acompanhou minha vida adulta desde os anos 1980."[6] Embora com um viés crítico sobre o Brasil, não foram

---

[3] Gilberto Freyre, *Casa-grande & senzala*, São Paulo: Global, 2023.
[4] Sérgio Buarque de Holanda, *Raízes do Brasil*, São Paulo: Companhia das Letras, 2015.
[5] Caio Prado Jr., *Formação do Brasil contemporâneo*, São Paulo: Companhia das Letras, 2011.
[6] Nuno Ramos, *Verifique se o mesmo*, São Paulo: Todavia, 2019, p. 14.

poucas as esperanças que forjaram a ideia de país no século XX e que acompanharam a vida adulta de Nuno Ramos. Isso dito, a pergunta então é: o que mudou? Ou ainda: quais são os acontecimentos recentes de que fala Nuno Ramos e como, nas suas obras e nos seus ensaios, podemos entender essa transformação de um sentimento sobre o Brasil?

Política e cronologicamente, os acontecimentos recentes que revelariam a crise contemporânea do Brasil seriam o impeachment da ex-presidente Dilma Roussef e tudo que se seguiu, coroado depois no governo de Jair Bolsonaro. Nuno Ramos não acha melhor forma de designá-lo do que com a célebre expressão literária do "horror, horror", escrita por Joseph Conrad em *No coração das trevas*[7] e, embora Nuno não cite, repetida inesquecivelmente pelo ator Marlon Brando no fim de *Apocalypse Now*, filme de Francis Ford Coppola. No Brasil, o contraste com o período anterior ao governo de Jair Bolsonaro mostrar-se-ia abissal: perto dele, as diferenças entre Fernando Henrique Cardoso, do Partido da Social Democracia Brasileira (PSDB), e Luiz Inácio Lula da Silva, do Partido dos Trabalhadores (PT), parecem detalhes. Pela primeira vez, desde a

---

[7] Joseph Conrad, *No coração das trevas*, trad. José Roberto O'Shea, São Paulo: Hedra, 2008.

redemocratização do país, um presidente não tinha sua biografia marcada pela luta contra a ditadura e, mais ainda, não escondia sua simpatia por ela. Se a década de 1980 demorou a sair da pasmaceira dos governos de Sarney e Collor, os anos 1990 e 2000 davam uma "sensação de que algo se alterava a olhos vistos", provocando até mesmo uma "estranha euforia":[8] o Plano Real acabava com a inflação econômica e o Bolsa Família distribuía renda social, com a ampliação do alcance de sistemas de saúde e educação via cotas.

Eu arriscaria dizer que, além do "horror, horror", o que se frustrara também foi a expectativa de continuidade da ideia de formação na política do Brasil, pois Fernando Henrique e Lula proporcionavam, simbólica e efetivamente, o elo com projetos de interpretação democratizante do país, como os de um Sérgio Buarque de Holanda ou de um Caio Prado Jr. Em certo sentido, Fernando Henrique e Lula possibilitavam reabilitar a crença em um progresso que, acalentada nos anos 1950, fora ceifada com o golpe militar de 1964. Mesmo que as expectativas desse progresso não fossem mais revolucionárias, e sim reformistas, ou seja, mesmo que suas pretensões fossem adaptadas a tempos módicos, nos quais o capitalismo tardio oferece

---

[8] N. Ramos, op. cit., p. 9.

poucas brechas para o jogo institucional, um horizonte civilizatório mínimo ensaiava-se. Nuno Ramos fala de um "sentimento convicto de evolução (um 'agora vai') que grassava naquele momento".[9]

Era como se – e agora falo também do ponto de vista da minha geração no Brasil, que nasceu entre o fim dos anos 1970 e o começo dos anos 1980 – tivéssemos acreditado que a história não mais retrocederia diante daquelas conquistas democráticas alcançadas. Retomando a palavra de Nuno Ramos, haveria assim uma "evolução" ou um progresso em curso no país, ainda que lento, difícil e sem triunfos épicos. Mesmo nós que líamos autores como Walter Benjamin achávamos que o anjo da história estava olhando para o futuro e que o passado poderia não estar destinado a ser percebido apenas como uma catástrofe mortífera, conforme escrevera o autor judeu-alemão.

Há um quadro de Klee que se chama *Angelus Novus*. Representa um anjo que parece querer afastar-se de algo que ele encara fixamente. Seus olhos estão escancarados, sua boca dilatada, suas asas abertas. O anjo da história deve ter esse aspecto. Seu rosto está dirigido para o passado.

---

[9] Idem.

> Onde nós vemos uma cadeia de acontecimentos, ele vê uma catástrofe única, que acumula incansavelmente ruína sobre ruína e as dispersa a nossos pés. Ele gostaria de deter-se para acordar os mortos e juntar os fragmentos. Mas uma tempestade sopra do paraíso e prende-se em suas asas com tanta força que ele não pode mais fechá-las. Essa tempestade o impele irresistivelmente para o futuro, ao qual ele vira as costas, enquanto o amontoado de ruínas cresce até o céu. Essa tempestade é o que chamamos progresso.[10]

O próprio Nuno Ramos, porém, jamais cedeu completamente à tentação contida na ideologia do progresso de que necessariamente as coisas melhorariam e de que uma constante evolução estaria garantida. Não é por acaso, quando menciona a "euforia" da virada do século XX para o XXI no Brasil, que Nuno a qualifica como estranha. Sua desconfiança diz respeito a algo profundo sobre o país, que nenhuma rotatividade de governos seria suficiente para finalizar e deixar de repetir – e que tem a ver com o mais decisivo sobre a vida: a morte. O anjo da história "gostaria de deter-se

---

10 Walter Benjamin, *Magia e técnica, arte e política*, trad. Sergio Paulo Rouanet, São Paulo: Brasiliense, 1994, p. 226.

para acordar os mortos", mas não consegue. No Brasil, isso é bastante concreto, como lembra Nuno Ramos: os índices de assassinatos só crescem, o que não se alterou nos governos de Fernando Henrique ou Lula. Embora o dado empírico seja estarrecedor, a verdade é que a atenção de Nuno Ramos volta-se, desde muito tempo, para como o inverso da imagem comum de alegria manifesta-se na cultura brasileira: desde as degolas de Canudos em *Os sertões*,[11] de Euclides da Cunha, até os sambas de Nelson Cavaquinho ou Paulinho da Viola, passando pela melancolia das xilogravuras modernas de Oswaldo Goeldi. Não há triunfo vitorioso do progresso, embora se possa extrair beleza das ruínas.

No pensamento e nas obras de Nuno Ramos, encontramos um desconforto de base, que não se ilude com euforias eventuais. Em 2010, a obra *Bandeira branca*, na 29ª Bienal de São Paulo, expunha todo o desconforto. Montada dois anos antes no Centro Cultural do Banco do Brasil de Brasília, o trabalho ganhava ali toda a sua força, justamente pelo modo como interagia com o espaço do vão da arquitetura de Oscar Niemeyer – precisamente um ícone de uma ideia de formação do Brasil, em particular no otimismo dos anos 1950. Diante da generosidade vital, branca

---

[11] Euclides da Cunha, *Os sertões*, São Paulo: Ubu, 2019.

e sinuosa do prédio, a obra voltava-se sobre si mesma sob o signo da morte, preta e soturna.

O trabalho expunha, de uma só vez, três esculturas grandes de areia preta queimada. Seu topo era de mármore, com três caixas de som emitindo, em intervalos irregulares, canções: "Bandeira branca" (de Max Nunes e Laércio Alves, cantada por Arnaldo Antunes), "Boi da cara preta" (do folclore, por Dona Inah) e "Carcará" (de João do Vale e José Candido, por Mariana Aydar). Três urubus viviam na instalação, mas curiosamente era como se nós, os supostos espectadores, fôssemos observados pelas aves conhecidas por comerem os corpos mortos, ou como se o projeto moderno edificado em sua limpidez solar estivesse sobrevoado por uma espécie de noite animal que, em sua tranquilidade intrínseca, não deixaria de ter um ar ameaçador: os "urubus passeiam entre girassóis", já cantara Caetano Veloso em "Tropicália".

Tal sensibilidade de Nuno Ramos, embora possa se relacionar com a tristeza, não se intimida por isso diante da violência do mundo. Em escala, manifesta até monumentalidade nas suas obras, como *Bandeira branca*. Há briga, e não resignação. De resto, tal poética crítica atava-se a uma percepção de que, no Brasil, muito ainda estava em jogo, em aberto ou a decidir. Do ponto de vista da formação, ela estaria incompleta ou inacabada, o que talvez explicasse a banalização da violência e da morte. Do ponto de vista da poética de Nuno Ramos, isso permite entender a insistência no uso de materiais como vaselina, breu, areia ou sabão, ou seja, elementos pouco definidos em sua forma, maleáveis, embora com força expressiva – e com os quais se pode mexer. É como se a forma resistisse a ser definitivamente formada e se deixasse como pergunta. Sobre seu trabalho, Nuno fala de uma "teoria do não formado, do amadorismo latente".[12]

Na sua produção de ensaios, é possível neste ponto compreender certa inflexão entre a modernidade do século XX e a contemporaneidade que se explicitaria no século XXI no Brasil. Sem prejuízo da consciência crítica sobre a própria modernidade, a relação de Nuno Ramos com o país altera-se para uma negatividade maior. Em *Ensaio geral*,[13] de 2007, os textos evocam uma forma sem formatação definida, às vezes até estranha. Para caracterizá-los, a impressão é de que precisamos de palavras como projetos, esboços, rascunhos, roteiros, propostas. São mesmo ensaios, no sentido teatral do termo: experiências ainda indefinidas, "como se encontrassem nessa característica

---

[12] N. Ramos, op. cit., p. 13.
[13] N. Ramos, *Ensaio geral*, São Paulo: Globo, 2007.

'mole', não completamente cozida, sua forma inevitável".[14] Há uma abertura flexível neles.

Já em *Verifique se o mesmo*, de 2018, os textos ficam mais ensaísticos no sentido filosófico da palavra, atendendo prontamente ao que se espera dessa forma segundo teorias como as de György Lukács, Walter Benjamin, Max Bense ou Theodor W. Adorno. Temos agora algo próximo de um "ensaio como forma"[15] e, simultaneamente, um livro mais assemelhado à tradição dos intérpretes do Brasil, à qual ele se filia, embora de modo particular. Os textos se formam e ficam menos moles, mais incisivos em sua dureza, com uma negatividade crítica crescente sobre o Brasil, como se seus impasses mortíferos estivessem cristalizados naquelas palavras, no seu fraseado ou no seu tom.

Se havia pessimismo em sua poética desde antes, Nuno Ramos tinha um pouco de vocação, mas também um tanto de estratégia: a primeira é inevitável, enquanto a segunda precisa de contexto. Foi assim que seu pessimismo nunca resultou em recuo perante o mundo, mas em sua presença nele. Suas obras

---

[14] N. Ramos, *Verifique se o mesmo*, 2019, p. 13.
[15] Theodor W. Adorno, "O ensaio como forma", in *Notas de literatura I*, trad. Jorge M. B. de Almeida, São Paulo: Duas Cidades; Ed. 34, 2003.

instalam-se no espaço com pujança. Têm uma função de contraponto frente à euforia ingênua que se acha alegria autêntica. Isso tudo, porém, estava no contexto da formação informada, de uma história em que o quinhão de destino repetido não sacrificava o teor de projeto a inventar, como num ensaio geral. Foi esse sentido, ou sentimento, que se alterou para Nuno Ramos.

> Sempre considerei que meu trabalho representava uma inflexão ao mesmo tempo gulosa e pessimista diante desse quadro, mas, para que houvesse pessimismo, era preciso que o outro polo estivesse vivo. Essa dinâmica, e espero estar errado, parece ter se quebrado. Alguma coisa definitivamente se formou, está formada, deixamos que se formasse – e não parece nada boa. O ensaio já não é geral, o mesmo é que é, rondando e ganindo e zumbindo por toda parte.[16]

Não se trataria mais, portanto, de disputar o sentido da formação do Brasil para o futuro, pois esta completou-se, e sim de lidar com os despojos terríveis desse processo que resultou em nosso presente. Esquematicamente, poderíamos dizer que, no lugar da ideia de

---
16 N. Ramos, op. cit., p. 14.

ensaio para interpretar o Brasil, entrou a ideia do mesmo, ou seja, passamos da esperança na diferença para uma confirmação da identidade – que não cessa de se repetir como violência e morte. Segundo a comparação feita por Nuno Ramos, o Brasil estaria vivendo como o personagem interpretado por Bill Murray no filme *Feitiço do tempo*, de 1993: aprisionado em um dia que se repete após cada noite, em um eterno retorno do mesmo, dele não consegue escapar nem pelo suicídio; tudo recomeça inevitavelmente igual a cada vez, e por incessantes vezes.

Nuno Ramos colhera essa ideia do mesmo nas placas fixadas em elevadores nas quais geralmente se lê: "verifique se o mesmo", de onde o título do seu livro. Sinistramente, a placa indica que se deve verificar se o elevador (o "mesmo") está, de fato, parado no andar para quem o aguarda não cair no poço. Se hoje estamos tão acostumados às placas com esse aviso que mal o notamos, havia uma estranheza perturbadora assim que elas foram colocadas, experimentada nos breves longos segundos de espera pelo elevador, durante os quais as fitávamos ou éramos fitados por elas. Porém, este "mesmo", que servia apenas informativamente para designar o elevador, ganhou um valor metafórico para a interpretação de Nuno Ramos: o Mesmo, com letra maiúscula, como o nomearam em uma comunidade virtual, pois as placas nos elevadores foram muito comentadas na época de sua instalação.

Esse Mesmo pode ser referido politicamente ao espaço, no qual as semelhanças entre PSDB e PT, por exemplo, escondiam que, no subterrâneo do país, o consenso progressista não se estabelecera. Esse Mesmo pode ser referido politicamente também ao tempo, no qual, diante de qualquer avanço democratizante, de novo uma ameaça autoritária se instaura. Nuno Ramos tem medo do Mesmo. Mas, especialmente, percebe aí um fechamento do ciclo da ideia de formação, naquilo que ela tivera de promessa para o Brasil. "Tenho dificuldade de sustentar esse particípio (não formado) que na verdade, vejo agora, era em boa medida um gerúndio esperançoso – está se formando, ainda vai se fazer."[17] Vê-se, assim, que a interpretação do Brasil pela ideia de formação implicava, na verdade, dois aspectos combinados entre si: um processo (esse gerúndio do "se formando") e um futuro (esse "ainda" vai se concluir).

Era como se, para se ter em vista a obra plástica de Lygia Clark, pudéssemos permanecer caminhando no gerúndio esperançoso de vida, ou como se percorrêssemos uma fita que, se não chega ao fim, permite que habitemos em seu direito e seu avesso. Era essa a

---
[17] Idem.

poética da fita de Moebius, proposta por Lygia Clark na obra *Caminhando*. Nuno Ramos expande seu significado para boa parte da arte do Brasil no século XX, o que englobaria de João Gilberto a Glauber Rocha, de Machado de Assis a Caetano Veloso, ou mesmo Tunga. Moebius, atada à diferença, seria o contrário do Poço, atado ao mesmo: um anel sem fim e um enclausuramento, respectivamente. No primeiro caso, tal pensamento teria sido expresso não apenas nos clássicos teóricos das ciências humanas sobre a formação do Brasil, mas especialmente nas obras de arte e especificamente nos ecos da arte de vanguarda depois do seu período heroico, ou seja, depois dos movimentos do século XX que tomaram o Ocidente até os anos 1960.

> Refiro-me àquilo que poderíamos chamar, por falta de nome melhor, de resíduos da vanguarda ou farelos do biscoito fino, em suma: uma valoração positiva para a ausência de aceitação pública, agora atribuída à radicalidade ou autenticidade do ataque à linguagem, característicos desses movimentos, mesmo em suas versões mais moderadas ou tardias, e que creio ter chegado ainda a mim. [...] Creio que a temporalidade estranha desses movimentos – agudos demais para o presente embora profundamente

enraizados nele – casava perfeitamente com a dinâmica nacional, e que o palácio de Moebius deve a essa quase ética algumas de suas fundações mais profundas. Por positivo entenda-se sempre alguma coisa em suspenso, ambivalente, incompleta, indecisa – em suma, não formada, condição meio inconsciente de permanecer caminhando no anel, sem cair dele.[18]

De fato, em inúmeros livros que envolvem a ideia de formação, há uma perspectiva da história como processo que estaria se fazendo em direção a um futuro a conquistar, como se estivéssemos nesse momento indeciso ou ambivalente. Isso explica que em obras como *Retrato do Brasil*,[19] de Paulo Prado, e *Raízes do Brasil*, de Sérgio Buarque, fale-se em revolução: uma aceleração transformadora do gerúndio em processo para alcançar o futuro. Noutros casos, como em Gilberto Freyre, pode-se quase perceber, ao contrário, um lamento pelo modo como a modernização eliminaria traços que, embora presos ao passado colonial, conferiam singularidades à cultura

---

[18] N. Ramos, op. cit., p. 16-17.
[19] Paulo Prado, *Retrato do Brasil: ensaio sobre a tristeza brasileira*, São Paulo: Companhia das Letras, 2012.

do Brasil. Logo, a formação, como pensa Nuno Ramos, estaria em curso, ainda por fazer, o que dava aos problemas do país a esperança de solução – eles seriam temporários e poderiam ter resolução mais à frente. Segundo Nuno Ramos, isto foi o que mudou: pareceríamos agora completamente enredados neste Mesmo. No fundo do poço.

Curiosamente, já em 1959, o clássico *Formação da literatura brasileira*, de Antonio Candido, trazia uma peculiaridade ao quadro. "Tratava-se de historiar uma formação que já havia se completado", identificou Roberto Schwarz, "[pois] em Machado de Assis temos um escritor cuja força e personalidade só se explicam pela interação intensa e aprofundada entre autores, obras e público, interação que comprova em ato a existência do sistema literário amadurecido."[20] Nuno Ramos, portanto, tem pelo menos um precedente importante (embora fique de fora do argumento, já que não enfrenta sistematicamente a ideia de formação nas interpretações do Brasil) quanto à ideia de que o tal gerúndio – que dava certa esperança – concluiu-se de uma vez na história.

Nessa dinâmica, interessa que, se for assim, a literatura já nos obrigava a pensar, no interior de uma ideia

---

[20] R. Schwarz, op. cit., p. 18.

de formação, a ausência de uma posteridade porvir em que o Brasil ainda ia se fazer e então resolver suas contradições. Novamente, Roberto Schwarz explicou as consequências dessa compreensão da formação.

> O termo *formação* está sendo usado, portanto, num sentido sóbrio, e sua normatividade, que existe, é descrita de fora, nos limites de seu desempenho real. Para lhe perceber a irradiação moderada, basta lembrar que, já "formado", o nosso sistema literário coexistia com a escravidão e com outras "anomalias", traços de uma sociedade nacional que até hoje não se completou sob o aspecto da cidadania, e talvez não venha a se completar, o que certamente faz refletir sobre a natureza mesma daquele movimento de formação nacional.[21]

Nesse contexto, o que se poderia perguntar é se aquilo que Nuno Ramos chama de palácio de Moebius na arte já não lidava com a situação de uma formação inconclusa, mais do que por concluir. Noutras palavras, talvez haja gerúndio e a formação seja mesmo um processo, mas é a esperança voltada para um futuro no qual então

---

21 Ibid., p. 12.

ela se conclui que deve ser uma miragem. Nuno Ramos fala do medo do Mesmo e, por oposição, da esperança no Gerúndio: o Poço, de um lado, e Moebius, de outro. No entanto, talvez não seja o caso de pensar na esperança contra o medo. (Não por acaso, esse mote bifurcou a disputa eleitoral no Brasil: Lula e o PT eram acusados por seus críticos de provocar medo e enaltecidos por suscitarem esperança para seus adeptos.) Pode ser que, contra o medo, seja exigida antes a coragem.

Não falta a Nuno Ramos. Ela se manifesta tanto na veemência crítica intelectual de fazer um diagnóstico duro do Brasil quanto na disposição de operar uma inflexão política em sua poética. Sobre o primeiro ponto, é exemplar o artigo que Nuno publicou na *Folha de São Paulo* em 2014, no qual ele afirmava suspeitar que a violência era a marca mais profunda da vida coletiva do Brasil. Essa suspeita é coerente com o modo pelo qual, mesmo na eventual euforia dos anos entre Fernando Henrique e Lula, ele atentava para a continuidade crescente dos assassinatos no Brasil: a violência e a morte. Retrospectivamente, o texto parece profético sobre o que viria.

> Eu suspeito que o tema primordial e decisivo da sociedade brasileira sempre foi, e ainda é, a violência. A vida no Brasil nunca valeu muito.

Hoje, vale ainda menos. Nós giramos em torno dela como um animal em um poste. Próximos à violência, eu suspeito que tudo se desloca. Noções como alto e baixo, direita e esquerda, bom e ruim, certo e errado estão confusas. Por estar em toda parte, eu suspeito que esse tema se aproxima, entre nós, do inimaginável, e que ele carrega em seu DNA, como aqueles vírus com mutações constantes e rápidas, algo metamórfico que está sempre transfigurado e escapa. Eu suspeito que estamos fodidos.[22]

No texto de Nuno Ramos, espanta não apenas sua suspeita de que, em breve, a política nacional degringolaria de vez, mas até mesmo que ele tenha escolhido a metáfora de um vírus para designar a violência no Brasil. Em pouco tempo, o "horror, horror" tomaria a forma da combinação entre a presença de uma pandemia causada por vírus e a ausência do governo de Jair Bolsonaro diante disso, explicitando que a vida no Brasil vale pouco mesmo.

O tempo da pandemia, entre nós, é o tempo mesmo da política. São idênticos. Pois é próprio

---

22 N. Ramos, "Suspeito que estamos", *Folha de S. Paulo*, 28 mai 2014.

de um impulso como o do bolsonarismo entrar nas coisas o tempo todo e sempre pelo revés, pelo ralo, pelo incêndio, pelo tornar pior e mais violento. Não há hiato, não há pausa, e a identidade em seu sentido mais pobre, o permanecer assim, o reaparecer igual, é seu núcleo. Ao invés de despolitizar o vírus, portanto, será preciso, de nosso lado, politizá-lo loucamente. E não é para fazer isso depois, quando a quarentena terminar (essa miragem). É agora. A luta mais chocante está acontecendo neste exato momento – pessoas são mandadas à morte. Pois o patrimônio político de Bolsonaro não é propriamente político, é a violência extrema. Sua entronização, no limite, vem do crescimento progressivo, até 63 mil por ano, dos mortos por assassinatos que assombraram, por mais de duas décadas, os governos democráticos, sem que nada fosse feito. São esses mortos que se cansaram de nós.[23]

Diante disso, Nuno Ramos fez uma das intervenções mais evidentemente políticas de toda a sua obra.

---

[23] N. Ramos, "Brasil enfrenta duplo apocalipse", *Folha de S.Paulo*, 3 mai 2020.

Organizou uma carreata que percorreu a Avenida Paulista em marcha à ré, passando por símbolos de São Paulo, como prédios do Masp e da Fiesp, até chegar ao Cemitério da Consolação, onde uma reprodução da *Série trágica*, de Flávio de Carvalho, estava em exibição. O hino nacional brasileiro foi tocado em marcha à ré. Tudo desmentia a ideologia do progresso, e tínhamos quase um anjo da história, nacional e urbanizado: o percurso dos carros e a reprodução do hino eram para trás, e não para a frente. Essa carreata – ou anticarreata – foi filmada pelo cineasta Eryk Rocha, originalmente encomendada pela Bienal de Berlim. Misturavam-se a performance artística e a manifestação política, trazendo o luto diante das mortes causadas pela pandemia para uma dimensão coletiva e expressiva.

Nuno Ramos conhece bem a importância da autonomia da arte, mas não como isolamento alienado do mundo, e sim como liberdade para formular novas interações com ele. Por isso, sua obra reflete uma passagem do ensaio da formação no anel de Moebius para o poço da repetição do Mesmo, mas também se modifica simultaneamente e, nesse caso, torna-se mais política. Contrariando um esquema caricato da vida segundo o qual os sujeitos, no envelhecimento, tendem a um declínio da ação e ao acréscimo de contemplação, passando da atividade de juventude a uma passividade madura, sua arte fica mais política. "Sinto que envelheço com um desejo autêntico de agir, replicar, lutar (salvo engano, tenho feito mais trabalhos conectados de alguma forma ao horizonte político do que jamais fiz)", afirma Nuno Ramos, "mas sem reconhecer bem o chão onde piso."[24]

---

[24] N. Ramos, *Verifique se o mesmo*, 2019, p. 12.

AMOR E SOCIEDADE

> *"Você está para fazer oitenta e dois anos. Encolheu seis centímetros, não pesa mais do que quarenta e cinco quilos e continua bela, graciosa e desejável. Já faz cinquenta e oito anos que vivemos juntos, e eu amo você mais do que nunca. De novo, carrego no fundo do meu peito um vazio devorador que somente o calor do seu corpo contra o meu é capaz de preencher."*
>
> ANDRÉ GORZ, Carta a D.

Em 2006, André Gorz escreveu essas palavras para sua mulher, publicadas em *Carta a D. – História de um amor*[1] e originalmente endereçadas a D., isto é, Dorine. É para ela que André escreve, o que fica claro pela força do "você". Ambos estão velhos. Ela completava 82 anos e, a julgar pelo seu peso, sua saúde ia mal; o corpo devia estar doente. De qualquer modo, André garante que Dorine permanecia bela, graciosa e desejável. Os três adjetivos bem poderiam ser atrelados, cada um, a uma dimensão: bela no mundo, graciosa no espírito, desejável no corpo. Contudo, nada disso tem apelo somente filosófico, como poderia parecer: "estamos aquém e além da filosofia",[2] é o que

---
1 André Gorz, *Carta a D. – História de um amor*, trad. Celso Azzan Jr., São Paulo: Annablume; Cosac Naify, 2008.
2 Ibid., p. 26.

afirma André. Mundo, espírito e corpo se fazem vida – e na vida. Isso se confirma pela verdade, pessoal e quente, desta certeza: "De novo, carrego no fundo do meu peito um vazio devorador que somente o calor do seu corpo contra o meu é capaz de preencher."[3] Somente o seu. Todo o resto é, como diz o título, a história deste amor.

Não se trata de uma história de amor, mas da história de um amor. Tal amor, paradoxalmente como todos os outros, é apenas um, é singular, é único.[4] Os amantes costumam ser acusados de acharem que o seu amor é maior ou melhor que os outros. Suspeito, porém, que apenas acham isto: que é diferente e, por esse motivo, incomparável. Não é superior, só inconfundível. O paradoxo está aí: todos são igualmente particulares. A particularidade não aparece na generalidade do sentimento, e sim no modo como ele se expressa no corpo, no espírito e no mundo. Essa perspectiva sobre o amor que surge na carta de André filia-se à concepção histórica que dele teve, especialmente, o Romantismo: o amor é singular e, mais ainda, é o que nos singulariza.

---

[3] Ibid., p. 5.
[4] A expressão em francês é *Histoire d'un amour*, cujo sentido foi preservado na tradução para o português (*História de um amor*), mas parece ter se perdido em outras versões, como aquela feita para o inglês, que a traduziu como *A love story*. (N.A.)

Nesse sentido, o amor aproxima cada amante de algo que pode separá-lo do resto, que o coloca potencialmente em conflito com o que, até ali, era a vida estabelecida. O amor prova sua força assim. Observa André:

> Eu era capaz de demonstrar – invocando Hero e Leandro, Tristão e Isolda, Romeu e Julieta – que o amor é o fascínio recíproco de duas pessoas por aquilo que elas têm de menos dizível, de menos socializável; de refratário aos papéis e imagens delas mesmas que a sociedade lhes impõe; aos pertencimentos culturais.[5]

Literariamente, a tradição do Ocidente situou o amor justamente aí. Ele singulariza tanto, que desafia o mundo: desde a antiga paixão de Páris e Helena, que provoca a épica Guerra de Tróia, na *Ilíada*,[6] de Homero, margeando *As afinidades eletivas*[7] entre Eduardo e Otília ou entre Capitão e Carlota no romance de Goethe, que desafiam modernamente o compromisso

---

5 A. Gorz, op. cit., p. 20.
6 Homero, *Ilíada*, trad. Trajano Vieira, São Paulo: Ed. 34, 2020.
7 Johann Wolfgang von Goethe, *As afinidades eletivas*, trad. Tercio Redondo, São Paulo: Penguin-Companhia, 2014.

matrimonial, até o malfadado caso de Kemal e Füssun, em *O museu da inocência*,[8] de Orhan Pamuk, já em nossa época.

Historicamente, poucas obras cristalizaram esse amor singular como aquela que André sinaliza: *Romeu e Julieta*,[9] de William Shakespeare, no fim do século XVI. O que na peça se destaca é o fato de os protagonistas não serem representantes típicos de grupos sociais, e sim indivíduos, que assim se descobrem pelo amor. De famílias inimigas (Montecchio e Capuleto), seu casamento não as une, ao contrário do que vigorava pela tradição. Só os aproxima, como pessoas únicas. Não por acaso, a união é em segredo, como se o encontro corporal e espiritual não tivesse lugar no mundo social. O amor é um encontro com o outro no qual eu mesmo passo a ser mais quem sou, pois estou menos preso às identificações sociais, como o sobrenome familiar em uma comunidade.

Julieta
Romeu, Romeu, por que há de ser Romeu?
Negue o seu pai, recuse esse nome;

---

[8] Orhan Pamuk, *O museu da inocência*, trad. Sergio Flaksman, São Paulo: Companhia das Letras, 2011.
[9] William Shakespeare, "Romeu e Julieta", in *Teatro completo*, trad. Barbara Heliodora, São Paulo: Nova Aguilar, vol. 1, 2016.

Ou, se não quer, jure só que me ama
E eu não serei mais dos Capuleto.
Romeu (à parte)
Devo ouvir mais, ou falarei com ela?
Julieta
É só seu nome que é meu inimigo:
Mas você é você, não é Montéquio!
O que é Montéquio? Não é pé, nem mão,
Nem braço, nem feição, nem parte alguma
De homem algum. Oh, chame-se outra coisa![10]

Você é você. O amor tem essa realidade do corpo – pé, mão, braço, feição – que escapa à nomenclatura social. Você. Só você. Esta pessoa. Nenhuma outra. O amor não é só singular, ele singulariza os amantes. Você. Você. Você. No entanto, o amor exige que as pessoas se individualizem ao extremo, abandonando os lugares que ocupavam até então na ordem social. Por outro lado, ao enfrentar esse desacordo, ele honra um pacto mais alto e amplo, de natureza cósmica. Foi o que notaram Eduardo Viveiros de Castro e Ricardo Benzaquen, que apontam uma progressiva espiritualização em *Romeu e Julieta*: do nome arbitrário ao corpo natural, real; da generalidade familiar à pessoa

---

10 Ibid., p. 157.

individualizada; e daquele corpo material a um coração da alma."¹¹ Não são os grupos de pertencimento que definem o encontro amoroso das pessoas, já que elas estão desgarradas dos laços sociais tradicionais. Estão lançadas, como indivíduos, em um universo no qual, por acaso ou destino, suas afinidades afetivas são diretas a partir de si.

Para o mundo social, esse amor parecerá sempre irracional, escandaloso ou simplesmente impossível. É que, como dizia André a Dorine, o amor é um fascínio de duas pessoas pelo que elas têm de menos dizível. Nenhuma barreira social o fará parar. Nenhum muro. Literal e metaforicamente, Romeu dizia para Julieta: "com as asas do amor, saltei o muro."¹² André e Dorine saltaram vários, como sabemos na carta. "Precisávamos criar juntos, um pelo outro", conta, "o lugar no mundo que originalmente nos tinha sido negado."¹³ O amor irrompe no mundo sem que haja para ele um lugar pronto: acha o corpo, envolve o espírito, conquista um espaço. Ele pode começar como se nem

---

11 Eduardo Viveiros de Castro e Ricardo Benzaquen de Araújo, "*Romeu e Julieta* e a origem do Estado", in Gilberto Velho (org.), *Arte e sociedade: ensaios de sociologia da arte*, Rio de Janeiro: Zahar, 1977, p. 153.
12 W. Shakespeare, op. cit., p. 158.
13 A. Gorz, op. cit., p. 25.

houvesse mundo – uma noite sob a lua acima da cidade, um degrau de escada e uma vela, uma bicicleta, uma praia isolada, um quarto de hotel. Em 1947, "você dividiu comigo o velho sofazinho afundado que me servia de cama", dizia André, "ele tinha apenas sessenta centímetros de largura, e nós dormíamos apertados um contra o outro".[14]

Nessa compressão de um corpo contra o outro, ou com o outro, os amantes também podem forjar a dimensão espiritual de uma intimidade. No caso de André e Dorine, a intimidade partira da experiência fundadora, de cada um, da insegurança, o que exigiu que eles confiassem um no outro para sustentar seu amor, graças ao reconhecimento de tal fragilidade. Não há intimidade sem esse tipo de exposição, sem esse tipo de verdade. Daí existir uma força que apenas se encontra na admissão – e, quem sabe, no compartilhamento amoroso – da vulnerabilidade. E amar, em si, é ficar vulnerável. Por isso, naquele amor que não é cego, mas é o único que enxerga, também desponta o encantamento de uma força na fragilidade, ou de uma fragilidade na força. André pode identificá-la em Dorine. "Estava condenada a ser forte porque todo seu universo era precário", escreve, "eu sempre senti,

---

[14] Ibid., p. 9.

ao mesmo tempo, a sua força e a sua fragilidade subjacente" – e conclui: "eu gostava da sua fragilidade superada, admirava sua força frágil."[15]

Intimamente, os amantes encontram essa singularidade de cada um, que talvez só mesmo eles enxerguem um no outro. Não são, assim, meros papeis sociais genéricos que o mundo moderno prescreve. Não por acaso, a metáfora para esse amor é o coração:[16] um órgão interno, invisível por fora, no mundo. O amor pulsa e faz viver, como o coração. Quem ama, ama de coração. De novo, a carta de André filia-se ao Romantismo e então a esse apelo ao que é mais próprio e inconfundível em meio a uma mundanidade social que tudo iguala e homogeneíza. Como observou Hannah Arendt, quem configurou essa noção de intimidade pioneiramente foi Jean-Jacques Rousseau, no século XVIII.

> Jean-Jacques chegou à sua descoberta mediante uma rebelião, não contra a opressão do Estado, mas contra a insuportável perversão do coração humano pela sociedade, contra a intrusão desta

---

[15] Ibid., p. 15.
[16] María Zambrano, *A metáfora do coração e outros escritos*, trad. José Bento, Lisboa: Assírio & Alvim, 2000.

última numa região recôndita do ser humano que, até então, não necessitara de qualquer tipo de proteção especial. A intimidade do coração, ao contrário da intimidade da moradia privada, não tem lugar objetivo e tangível no mundo. [...] A reação rebelde contra a sociedade, no decorrer da qual Rousseau e os românticos descobriram a intimidade, foi dirigida, em primeiro lugar, contra as exigências niveladoras do social, contra o que hoje chamaríamos de conformismo inerente a toda sociedade.[17]

Ler a carta de André para Dorine é testemunhar, de saída, a intimidade sendo forjada, desde "quase um amor à primeira vista",[18] como ele anuncia. "No dia em que nos encontramos, você estava acompanhada de três homens que pretendiam jogar pôquer com você", ele escreve, "você tinha cabelos ruivo-acastanhados abundantes, a pele nacarada e a voz aguda das inglesas."[19] Os três homens tentavam captar a atenção de Dorine, que, entretanto, se mantinha soberana. Quando o olhar

---

17 Hannah Arendt, *A condição humana*, trad. Roberto Raposo, Rio de Janeiro: Forense Universitária, 1999.
18 A. Gorz, op. cit., p. 6.
19 Ibid., p. 7.

de André cruzou com o dela, ele achou que não tinha a menor chance. Um mês depois, porém, esbarraram-se na rua. "Depois, numa noite, *por acaso*, eu a vi de longe, saindo do trabalho e descendo a rua."[20] Ele correu para alcançá-la. Sem confiança, a convidou para dançar. Ela apenas diz: "*why not?*" Por que não? André registra, preciso: era 23 de outubro de 1947.

O mistério de uma história de amor está nesse "por acaso", que também revela seu avesso: destino. Por um lado, mais prático, é fácil pensar que naquela noite André podia não ter saído, ter passado na rua uns minutos depois, ter olhado para o outro lado. Dorine, por sua vez, podia não ter ido ao trabalho, saído mais cedo. Por outro lado, as afinidades cósmicas que nos fazem acreditar no amor parecem agir para que o dia 23 de outubro de 1947 determinasse o lugar e o instante definitivos do encontro. Ou será que ele era tão irrevogável, que poderia ter ocorrido antes?

> Ambos estão certos
> de que uma paixão súbita os uniu.
> É bela esta certeza,
> mas é ainda mais bela a incerteza.
>
> Acham que por não terem se encontrado antes

---

[20] Idem.

nunca havia se passado nada entre eles.
Mas e as ruas, escadas, corredores
nos quais há muito talvez se tenham cruzado?

Queria lhes perguntar,
se não lembram —
numa porta giratória talvez
algum dia face à face?
um "desculpe" em meio à multidão?
uma voz que diz "é engano" ao telefone?
— mas conheço a resposta.
Não, não lembram.

Muito os espantaria saber
que já faz tempo
o acaso brincava com eles.

Ainda não de todo preparado
para se transformar no seu destino
juntava-os e os separava
barrava-lhes o caminho
e abafando o riso
sumia de cena.

Houve marcas, sinais,
que importa se ilegíveis.

Quem sabe três anos atrás
ou terça-feira passada
uma certa folhinha voou
de um ombro ao outro?
Algo foi perdido e recolhido.
Quem sabe se não foi uma bola
nos arbustos da infância?

Houve maçanetas e campainhas
onde a seu tempo
um toque se sobrepunha ao outro.
As malas lado a lado no bagageiro.
Quem sabe numa noite o mesmo sonho
que logo ao despertar esvaneceu.

Porque afinal cada começo
é só continuação
e o livro dos eventos
está sempre aberto ao meio.[21]

Os versos da poeta polonesa Wisława Szymborska expõem o espanto pelo qual o amor, de um lado, parece o

---

21 Wisława Szymborska, "Amor à primeira vista", in *Poemas*, trad. Regina Przybycien, São Paulo: Companhia das Letras, 2011, p. 96-97.

casual encontro daquela noite e, de outro, o destino histórico que já se fazia. O amor faz o improvável parecer incontornável. Há nisso a felicidade que paira sobre os amantes, como uma dádiva, uma vez que não são eles que a produzem, ainda que devam a ela corresponder ou alimentá-la. Por isso, a imagem do cúpido envolve uma flecha que atinge precisamente o alvo, mas o alvo, ele mesmo, não a via, não a previa. Por isso, "um amor feliz" derrubaria do cume a moralidade, seja a produtiva do esforço, seja a obediente dos costumes. Por isso, como na carta de André fica claro, os amantes também têm o seu mundo, não apenas um mundo com os outros; é que o amor ofende os cálculos de justiça da sociedade ordinária e normatizadora, como ironicamente observaram outros versos de Wisława Szymborska.

> Enaltecidos um para o outro sem nenhum mérito,
> os primeiros quaisquer de milhões, mas convencidos,
> que assim devia ser – como prêmio de quê? De nada;
> a luz cai de lugar nenhum –
> por que justo nesses e não noutros?
> Isso ofende a justiça? Sim.
> Isso infringe os princípios cuidadosamente acumulados?

> Derruba do cume a moral? Infringe e
> derruba, sim.[22]

O acaso não nomeia, portanto, uma mera contingência: o que pode ser ou deixar de ser. O acaso do amor nomeia um acontecimento que excede o controle humano, que escapa ao que prevíamos. Não há cálculo para ele. Não é simplesmente o que pode ser ou deixar de ser, mas o próprio ser sendo. Marcia Sá Cavalcante Schuback,[23] ao pensar o acaso nessa direção, sublinhou outros versos de Szymborska.

> O acaso gira nas mãos um caleidoscópio
> Nele cintilam bilhões de vidrinhos coloridos.
> E de repente o vidrinho de um André
> tilintou contra o vidrinho de uma Dorine.[24/25]

---

[22] W. Szymborska, "Um amor feliz", in *Um amor feliz*, trad. Regina Przybycien, São Paulo: Companhia das Letras, 2016, p. 147.

[23] Marcia Sá Cavalcante Schuback, "O nanquim do acaso", Palestra no Ciclo Mutações, organizado por Adauto Novaes, na edição "Corpo-Espírito-Mundo", no dia 07 de julho de 2023 no Sesc de São Paulo.

[24] W. Szymborska, "Sessão", in *Para o meu coração num domingo*, trad. Regina Przybycien e Gabriel Borowski, São Paulo: Companhia das Letras, 2020, p. 203.

[25] Modifiquei os nomes próprios da tradução para o propósito deste ensaio. (N.A.)

No Romantismo, a origem do amor já era pensada assim. No final do século XVIII, o filósofo alemão Friedrich Schlegel afirmara que "o verdadeiro amor deveria ser ao mesmo tempo inteiramente arbitrário e inteiramente casual, e parecer ao mesmo tempo necessário e livre". E mais: que "deveria ser ao mesmo tempo destinação e virtude, e parecer um mistério e um milagre".[26] O amor une o que, para nós, são opostos: o arbitrário e o inevitável, o acaso e o destino, a liberdade e a necessidade, a subjetividade e a objetividade, o espírito e o corpo. Não fosse a saída naquela noite, teria o encontro se perdido para sempre? Ou, de algum outro modo, ele ocorreria? Talvez de fora o encontro possa parecer fortuito. Mas, de dentro, nunca. Não fosse aquele encontro, não seríamos o que somos. Ele já define quem somos. Schlegel também escreveu uma vez que, "no amor, em primeiro lugar vem o sentido de um para o outro, e o mais elevado é a crença de um no outro".[27] O amor é risco e é confiança, vulnerabilidade e firmeza – que se dão em uma intimidade de um com outro, como narra André.

---

[26] Friedrich Schlegel, *O dialeto dos fragmentos*, trad. Márcio Suzuki, São Paulo: Iluminuras, 1997, p. 54.
[27] Ibid., p. 60.

> Nós tínhamos pressa. Eu despi o seu corpo com cautela. Descobri, miraculosa coincidência do real com o imaginário, a Vênus de Milo tornada carne. O brilho nacarado do pescoço iluminava o seu rosto. Mudo, contemplei longamente esse milagre de vigor e doçura. Compreendi com você que o prazer não é algo que se tome ou que se dê. Ele é um jeito de dar-se e pedir ao outro a doação de si. Nós nos doamos inteiramente um ao outro.[28]

Essa contemplação muda, imperativa naquele exato momento, não foi suficiente para André, ou, ao menos, para a história de um amor. Ele precisou de palavras. Da escrita. Da carta. Carta: esse misto amoroso de distância e proximidade, ou esse esforço para aproximar o que está distante. "Preciso reconstituir a história do nosso amor para apreender todo o seu significado", confessa o amante, "ela foi o que permitiu que nos tonássemos o que somos; um pelo outro, um para o outro."[29] Isso, aliás, também é o que torna difícil aos amantes não dar ao seu acaso a conotação de destino: eles já são o que são por conta do amor, um pelo outro, um para o outro.

---

[28] A. Gorz, op. cit., p. 9.
[29] Ibid., p. 6.

Com a carta, que é para Dorine e para ele mesmo, André quer levar à palavra a mudez de um amor.

Escritor e filósofo judeu-austríaco, André Gorz ficou conhecido desde a década de 1960 por seu envolvimento com o existencialismo (foi próximo de Jean-Paul Sartre) e pelos estudos sobre a questão do trabalho. Depois, seus escritos tomaram uma direção nova, rumo à ecologia política. Entretanto, nunca deixou de ser isto: alguém que escrevia. Dorine sabia bem disso e dizia para ele que "amar um escritor é amar que ele escreva", sentenciando: "Então escreva!"[30] O que André escrevia? Não interessa tanto. Interessa como ele queria escrever. Não procurava oferecer, na escrita, conclusões de uma pesquisa já finalizada. O que buscava era uma escrita que testemunhasse a si mesma, que não comunicasse algo pronto, mas que fosse, ela própria, a comunicação de si.

> Eu não queria entregar o resultado de uma investigação, mas escrever essa mesma investigação enquanto se efetuava, com suas descobertas em estado inicial, seus fracassos, suas pistas falsas, sua elaboração tateante de um método que nunca chega a termo. Estava consciente de que,

---

[30] Ibid., p. 28.

"quando tudo tiver sido dito, tudo ainda ficará por dizer, sempre restará tudo a dizer" – em outras palavras, é o *dizer* que importa, não o *dito*.[31]

Na carta, André conta essa tentativa de escrita em seu trabalho teórico. Não sei se ele a alcançou em algum momento. Possivelmente não. Os textos intelectuais muitas vezes se importam com o dito, e não com o dizer. Entretanto, onde sei que ele conseguiu isso, mas talvez sem perceber, foi na carta a Dorine. Se a história desse amor pode ser também linguagem que narra, é porque nela estão as descobertas em estado inicial, os fracassos, as pistas falsas. Carta, aliás, é sempre um dizer – ao outro. André não se deu conta conscientemente de que, na carta, finalmente levou a linguagem à realidade do dizer, mas inconscientemente pressentiu isso, ao escrever: "encontrei palavras que nunca soubera pronunciar; palavras para lhe dizer que eu queria que permanecêssemos juntos para sempre."[32] O amor cria os amantes, e cria as suas palavras. Mais: o amor parece dar às palavras um endereçamento, como se, mesmo quando não se trata de uma carta, um amante falasse para outro, às vezes de modo cifrado, às vezes de modo

---
[31] Ibid., p. 46.
[32] Ibid., p. 22.

explícito. De certa maneira, todo texto que importa é uma carta, ou deveria ser. Contudo, a carta de André, ao contar sua história, não busca apenas achar o significado do amor, mas também uma espécie de despedida. O encanto do começo é narrado, mas em breve saberemos que um fim desponta.

Nos anos 1970, uma dor de cabeça intensa impedia Dorine de se deitar. Passava a noite em pé em uma varanda, ou sentada em uma poltrona. Oito anos antes, ela fora operada de uma hérnia de disco, quando se utilizou contraste com o produto lipiodol, cuja eliminação era supostamente rápida: dez dias, segundo o radiologista. Pois bem. Naquela década, uma parte do líquido subira até o crânio e outra formara um cisto na região cervical. O diagnóstico era de aracnoidite: de tantas doenças inflamatórias, uma das piores, pode ser evolutiva. É sem afetação que André conta dessa descoberta na carta, o que aumenta seu impacto. Daí em diante, acompanhamos, de um lado, a maneira decidida e singular de Dorine lidar com a doença e, de outro, o modo de André estar junto dela, mesmo sabendo que uma parte daquilo a deixava irremediavelmente sozinha. Nos dois lados, mais uma vez o amor enfrentaria o mundo, mas agora o mundo da medicina.

Nesse ponto, aquele Romantismo, que séculos atrás fez Romeu e Julieta perseguirem o amor contra o pertencimento familiar esperado, agora fazia André e Dorine rejeitarem a submissão médica previsível. Nos dois casos, o amor toma distância do código social dominante: afasta-se do mundo, ou cria o seu. Nos termos de André, essa experiência pessoal com a doença os levaria a uma "tecnocrítica".[33] Deram-se conta de que a medicina contemporânea, não raro, despreza justamente o que é caro ao corpo e ao espírito do mundo no amor: a singularidade. E, se o faz, é porque submeteu-se à compreensão técnica que separa espírito e carne, quando o que o amor descobre, "obcecado pela coincidência sempre prometida e evanescente do gosto que temos por nossos corpos", é que, final e simplesmente, "a alma *é* o corpo".[34]

Nesse contexto, a doença de Dorine deixa transparecer, no caso da medicina, um regime histórico de verdade dominado pela técnica, como o filósofo alemão Martin Heidegger pioneiramente percebera na década de 1940.[35] Esse regime histórico não é apenas o da abundância de máquinas ou procedimentos

---

[33] Ibid., p. 64.
[34] Ibid., p. 25.
[35] Martin Heidegger, "A questão da técnica", in *Ensaios e conferências*, trad. Emmanuel Carneiro Leão, Gilvan Fogel e Marcia Sá Cavalcante Schuback, Petrópolis: Vozes; Bragança Paulista: Editora Universitária São Francisco, 2012, p. 20.

industriais e digitais. É aquele para o qual as pessoas se tornam, homogeneamente, casos a serem classificados segundo as taxonomias geralmente endossadas pelo discurso científico, que, se doutrinário, hostiliza todos os outros saberes, como a psicanálise. Para essa doutrina, o próprio ser deve ser submetido ao cálculo. Protocolos são seguidos genericamente. O que se perde, então, é aquela individualização amorosa pela qual cada um se singulariza e faz de alguém um "eu", inconfundível. Como a técnica é uma compreensão tecnicista de tudo o que vigora, ela se impõe, ou ameaça se impor, como critério em tudo o que fazemos – pensamento vira produtividade, férias viram aproveitamento, trabalho vira desempenho, liberdade vira eficácia, e nada tem sequer a finalidade como sentido, mas apenas metas e objetivos que mantêm a roda do mundo girando aturdida. Com a medicina, André e Dorine sentiam isso. Ela não queria se deixar arrastar por essa lógica.

Você não tinha mais nada a esperar da medicina. Recusava-se a se acostumar com os analgésicos e a depender deles. Decidiu então assumir o controle do seu corpo, da sua doença, da sua saúde; tomar o poder sobre a sua vida em vez de deixar a tecnociência médica tomar o poder sobre a sua relação com o seu corpo e consigo mesma. Você entrou em contato com uma rede internacional de doentes que se ajudam mutuamente trocando informações e conselhos depois de terem batido de frente, assim como você, com a ignorância e às vezes a má vontade da classe médica. Você se iniciou na ioga. Tomava posse de si administrando suas dores por meio de antigas técnicas de autodisciplina. A capacidade de compreender o seu mal e tratá-lo lhe parecia o único meio de não ser dominada por ele e pelos especialistas que a transformariam em consumidora passiva de medicamentos.[36]

Filosoficamente, André considera que a medicina contemporânea, que cuidaria de Dorine, subordinou-se à mutação tecnológica que, sem espírito, submete o corpo ao mundo da pura maquinação, na esteira do que Michel Foucault, no século XX, denominara biopoder, ou seja, "o poder que os dispositivos técnicos assumem até sobre a relação íntima de cada um consigo mesmo".[37] Intimidade é justamente aquilo que se conquista no amor pela exposição da vulnerabilidade,

---
[36] A. Gorz, op. cit., p. 64.
[37] Idem.

o que Dorine, portanto, não entregaria assim. Mais uma vez, André poderia repetir o que, na carta, escrevera sobre o começo de sua relação com Dorine: "não tínhamos lugar assegurado no mundo, e só teríamos aquele que fizéssemos para nós."[38] Fizeram de novo. Dorine ainda descobriria um câncer. André abdicou do jornalismo e deixou a revista em que trabalhava. Nada lhe parecia essencial. Mas Dorine não cessou de encorajá-lo a escrever. E foi assim que ele chegou à escrita do dizer, não só do dito. Nela, afirmou que nenhum dos dois desejaria sobreviver à morte do outro. Cometeram suicídio juntos. Foram encontrados na cama, abraçados, dois dias depois. Pouco antes, porém, André deixara escrito, no fim de sua carta...

> Você acabou de fazer oitenta e dois anos. Continua bela, graciosa e desejável. Faz cinquenta e oito anos que vivemos juntos, e eu amo você mais do que nunca. Recentemente, eu me apaixonei por você mais uma vez, e sinto em mim, de novo, um vazio devorador, que só o seu corpo estreitado contra o meu pode preencher.[39]

---

[38] A. Gorz, op. cit., p. 13.
[39] Ibid., p. 70.

Para um amante, o mundo sem o corpo do outro estreitado junto ao seu é um vazio devorador. Para o amante, o mundo sem seu amor fica sem corpo e sem espírito. Talvez por isso o filósofo Paul B. Preciado, que em 2020 foi contaminado pelo coronavírus, só considerou que valia a pena voltar ao mundo se nele houvesse amor. Se, ao contrário, a pandemia de Covid-19 significasse um isolamento social infinito no qual o contato entre as pessoas estivesse interditado e o mundo, por sua vez, desprovido de erotismo, Preciado[40] talvez dissesse, como o famoso escrivão Bartleby, de Herman Melville: "acho melhor não." Preciado também se filia à crítica de Foucault ao biopoder, entendido como o controle dos discursos e dos dispositivos sociais, inclusive médicos, sobre o corpo. Ele iniciou um ensaio escrito durante a pandemia observando que, "se Michel Foucault tivesse sobrevivido ao flagelo da AIDS e resistido até a invenção da triterapia, teria hoje 93 anos", e perguntou, provocativamente: "aceitaria de bom grado trancafiar-se em seu apartamento da Rue Vaugirard?"[41] Teria Foucault se submetido à razão médica da técnica?

---

[40] Herman Melville, *Bartleby, o escrivão: uma história de Wall Street*, trad. Irene Hirsch, São Paulo: Ubu, 2018.
[41] Paul B. Preciado, *Aprendendo do vírus*, trad. Ana Luiza Braga e Damian Kraus, São Paulo: n-1 edições, 2020, p. 1.

Não se confunda a crítica de Preciado com as teses que outro filósofo, o italiano Giorgio Agamben, defendeu durante a pandemia. Sua hipótese era de que os seres humanos hoje contentam-se com a vida nua, ou seja, valorizam a sobrevivência biológica, despindo-se de tudo o mais: ação política, afeto amoroso, liberdade de ir e vir, erotismo do corpo.[42] Logo, a aceitação do confinamento como proteção contra a contaminação e a possível morte confirmaria esse domínio da vida nua. Nós estaríamos nos nivelando pela mera vida natural e, assim, abdicando de atividades que nos singularizam diante dela. O problema com as teses de Agamben é que, em nossa época, não parece ser a natureza que tudo nivela igualmente na vida, e sim a técnica massificadora, o que já perceberam André Gorz e Paul B. Preciado. Não é a vida nua o nosso problema, e sim a técnica nua. Seu enquadramento permanece atuando após a pandemia e aparece, por exemplo, no avanço da inteligência artificial, que, se ameaça substituir o saber humano, é apenas porque tal saber já se perdeu do que Hannah Arendt chamava de vida do espírito, definiu o corpo como seu mero instrumento e alienou-se do mundo.

---

42 Giorgio Agamben, "Esclarecimentos", in *Reflexões sobre a peste: ensaios em tempos de pandemia*, trad. Isabella Marcatti, São Paulo: Boitempo, 2020.

Preciado sugeria apenas que, assim como Dorine, Foucault talvez resistisse a deixar seu corpo subjugado ao espírito sem espírito do mundo da técnica. Mas é ao falar em primeira pessoa, já no breve ensaio que publicou pouco após sair do hospital onde ficou internado com Covid, que Preciado esclarece seu argumento. O mundo próximo tornara-se distante. O que era viscoso secara. Onde havia contato só restou o isolamento. Não se tratava, é claro, de uma ode obscurantista ou negacionista diante da doença, mas de uma perspectiva crítica a um mundo que, a partir dela, poderia se formar ou naturalizar. Se Dorine precisou defender a liberdade de sua relação íntima consigo para cuidar da aracnoidite sem se submeter à "tecnomedicina", como a chama André, por sua vez Preciado defende o erotismo amoroso na vida diante do ascetismo moral obcecado por segurança que usa doenças como álibis técnicos para si.

> Foi o que senti, com a força de uma evidência que me atravessava o peito, à medida que a minha respiração se tornava mais fácil. Tudo permaneceria para sempre nessa nova forma que as coisas tomaram. A partir de então, teríamos acesso a formas de consumo digitais sempre mais excessivas, mas os nossos corpos, os nossos

organismos físicos, seriam privados de todo contato e de toda vitalidade. A mutação tomaria a forma de uma cristalização da vida orgânica, de uma digitalização do trabalho e do consumo, e de uma desmaterialização do desejo. [...] Nessa nova realidade, aqueles dentre nós que perderam o amor ou que não o encontraram a tempo, ou seja, antes da grande mutação do covid-19, estávamos condenados a passar o resto da vida completamente sós. Sobreviveríamos, mas sem toque, sem pele. Os que não ousaram dizer a alguém que amavam que o amavam não poderiam se juntar a ele, nem mesmo se fosse possível expressar o seu amor, e deviam agora viver para sempre na espera impossível de um encontro físico que não acontecerá nunca.[43]

Paul B. Preciado talvez escolhesse, caso a vida fosse ficar assim, o mesmo destino da morte que André e Dorine tiveram. Qualificando a pandemia de Covid-19

---

[43] P. B. Preciado, "A conjuração dos losers", *Quatro cinco um*, 29 mar. 2020. Disponível em: https://quatrocincoum.folha.uol.com.br/br/artigos/filosofia/a-conjuracao-dos-losers. Acesso em: 22 nov. 2024.

de "grande mutação", Preciado, em seu devaneio doente, faz dela a separação entre um mundo de antes e um mundo de depois. O que restaria seria um espírito sem corpo e um corpo sem espírito. Nada de toque ou pele para os sobreviventes da Covid. Nem da linguagem para os amantes poderem dizer que se amam. Nada, tampouco, de carta contando a história de um amor, e documentando que, com ele, é que se começa o que quer que seja.

"Bastava que eu consentisse em viver o que eu estava vivendo, em amar mais do que tudo", escreveu André para Dorine, "o seu olhar, a sua voz, o seu cheiro, seus dedos afiados, o seu jeito de habitar o seu corpo, para que todo o futuro se abrisse para nós."[44] O corpo do amor abre o espírito para o futuro no mundo. Por isso, ao melhorar de saúde e sair da cama, assustado com o mundo asséptico que encontrou, Preciado explicou que a primeira coisa que fez foi perguntar: em quais condições e modos valeria a pena continuar a viver? Contudo, a segunda coisa que fez, "antes de encontrar uma resposta para esta pergunta, foi escrever uma carta de amor".[45] O motivo é simples: se há uma condição para que continuar a viver valha a pena, é a possibilidade do amor. Isso

---

[44] A. Gorz, op. cit., p. 20.
[45] P. B. Preciado, op. cit.

porque ela jamais fica apenas em potência que não se atualiza, uma vez que, como disse Shakespeare em *Romeu e Julieta*, "o que o amor pode o amor ousa tentar".[46]

Para o amor, por isso, nunca é tarde para ousar o que pode, ou melhor, ele pode muito bem ser aquilo que só começa mesmo tarde. Ele tem seu tempo. Penso em André e Dorine abraçados na cama, e nele escrevendo, tarde, que recentemente se apaixonara outra vez por ela. Lembro os versos de Carlos Drummond de Andrade, que poderiam estar em uma carta do coração para o corpo, o espírito e o mundo em mutação.

> Amor é privilégio de maduros
> Estendidos na mais estreita cama,
> Que se torna a mais larga e mais relvosa,
> Roçando, em cada poro, o céu do corpo.
>
> É isto, amor: o ganho não previsto,
> O prêmio subterrâneo e coruscante,
> Leitura de relâmpago cifrado,
> Que, decifrado, nada mais existe
> Valendo a pena e o preço do terrestre,
> Salvo o minuto de ouro no relógio
> Minúsculo, vibrando no crepúsculo.

---

[46] W. Shakespeare, op. cit.

Amor é o que se aprende no limite,
Depois de se arquivar toda a ciência
Herdada, ouvida. Amor começa tarde."[47]

---

[47] Carlos Drummond de Andrade, *Poesia e prosa*, Rio de Janeiro: Nova Aguilar, 1992, p. 391.

AGRADECIMENTOS

Este livro é resultado de dois projetos de pesquisa: "O presente e o futuro da pandemia, segundo a filosofia", apoiado pela Bolsa em Produtividade e Pesquisa do Conselho Nacional de Desenvolvimento Científico e Tecnológico (CNPq); e "A filosofia diante da pandemia: qual o valor da vida?", apoiado pelo Programa Jovem Cientista do Nosso Estado da Fundação Carlos Chagas de Amparo à Pesquisa do Rio de Janeiro (Faperj) – ficam aqui os agradecimentos às duas agências, cujo financiamento das pesquisas conferiu as condições materiais de possibilidade para sua efetivação.

Versões preliminares dos seus capítulos foram apresentadas ou publicadas em outros contextos: os periódicos *O que nos faz pensar*, da Pontifícia Universidade

Católica do Rio de Janeiro (PUC-Rio), e *Dialectus*, da Universidade Federal do Ceará (UFC); o *Ciclo Mutações*, organizado por Adauto Novaes, por vezes publicado em livros pelas Edições Sesc; o livro *O corpo que resta: corpo, luto, memória*, organizado por Joana de Vilhena e Junia de Vilhena na Editora Appris; o 17º Congresso da Brazilian Studies Association (Brasa); e o GT de Estética da Anpof.

Por fim, gostaria de agradecer: mais uma vez, ao Adauto Novaes, cujas "lereias" foram, a cada ano, essenciais para parar e pensar; e ao Nuno Ramos, que cedeu gentilmente, para a capa deste livro, os direitos de imagem da sua obra *A extinção é para sempre: CHAMA/2021*.

CIP-BRASIL. CATALOGAÇÃO NA PUBLICAÇÃO
SINDICATO NACIONAL DOS EDITORES DE LIVROS, RJ

D874p

    Duarte, Pedro
    Parar para pensar / Pedro Duarte. - 1. ed. - Rio de Janeiro : Bazar do Tempo, 2024.

    ISBN 978-65-85984-36-2

    1. Filosofia - Citações, máximas, etc. I. Título.

24-95491	CDU 128
	CDD 165-745

Gabriela Faray Ferreira Lopes - Bibliotecária - CRB-7/6643

Este livro foi editado pela Bazar do Tempo, na cidade de
São Sebastião do Rio de Janeiro, em novembro de 2024.
Ele foi composto com as tipografias Caslon Pro e Halvar
Breitschrift, e impresso em papel Pólen Bold 70 g/m²,
na gráfica Rotaplan.